AF261987

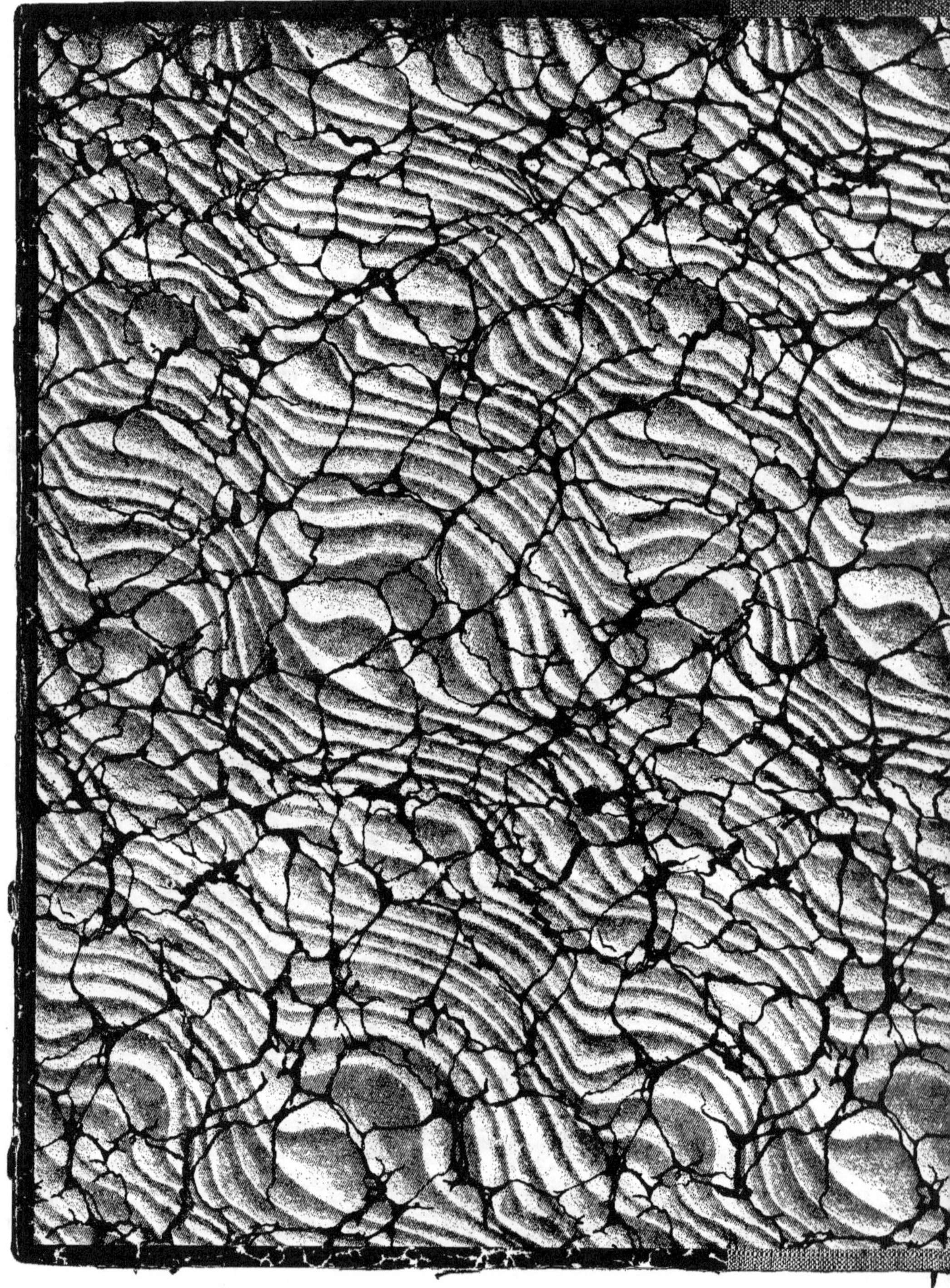

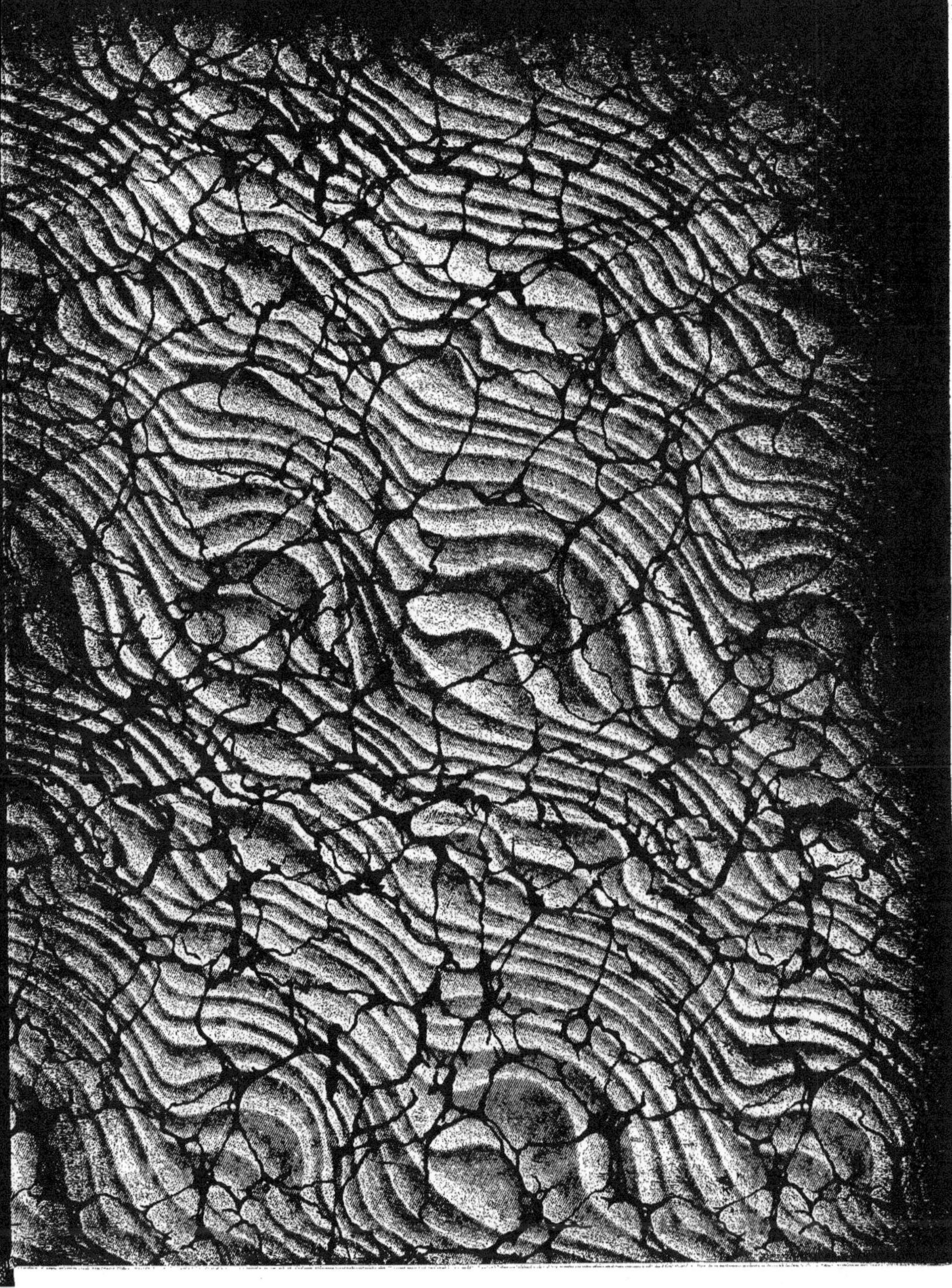

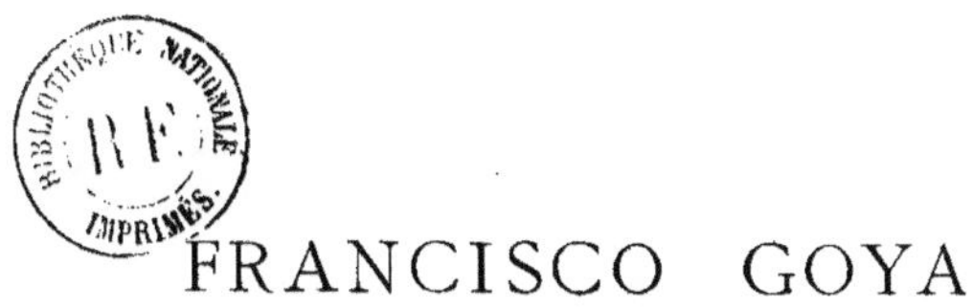

FRANCISCO GOYA

HOMMAGE

A

D. IGNACIO ZULOAGA

ET A

D. JOSÉ LAZARO

L. D.

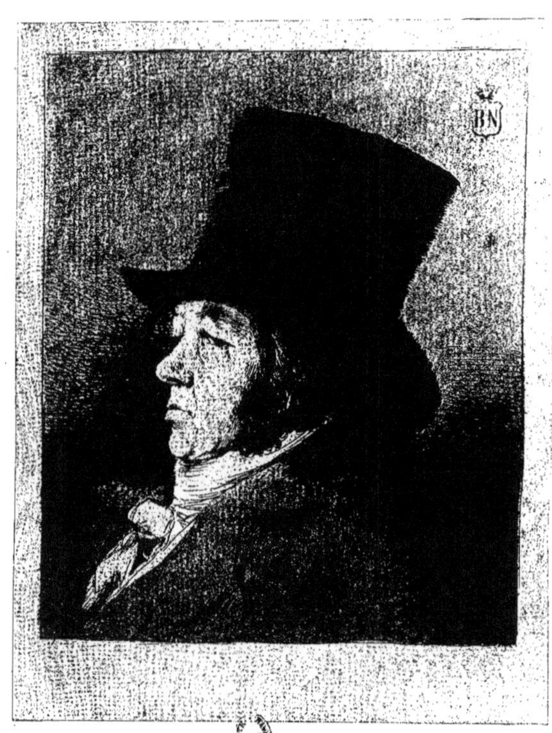

FRANCISCO GOYA

par

LUI-MÊME

LOYS DELTEIL

LE PEINTRE GRAVEUR ILLUSTRÉ

(XIXᵉ ET XXᵉ SIÈCLES)

TOME QUATORZIÈME

FRANCISCO GOYA

PREMIÈRE PARTIE

PARIS

Chez l'Auteur, 2, rue des Beaux-Arts

1922

AVIS AU LECTEUR

Il existe déjà plusieurs catalogues raisonnés de l'œuvre gravé et lithographié de Goya, publiés tant en France qu'à l'étranger. L'un des meilleurs, celui de Paul Lefort, remonte à l'année 1877, le plus récent, par Aureliano de Beruete y Moret, a paru en 1918, à Madrid, dans la langue de Goya. Entre temps, un autre ouvrage sur Goya, graveur et lithographe, par Julius Hofmann, a été publié en allemand, à Vienne, en 1907. Ce dernier catalogue est le plus complet touchant la nomenclature et la description des états que l'on retrouve trop insuffisamment spécifiés dans les travaux de Paul Lafond (1902) et de A. de Beruete déjà mentionné.

Toutefois, en dépit des très nombreux renseignements apportés dans ces ouvrages spéciaux, par chacun des biographes de Goya, ouvrages auxquels nous avons d'ailleurs fait de multiples et utiles emprunts, aucun d'eux ne s'est attaché à donner la reproduction totale des pièces dues à la pointe et au crayon du prestigieux et exceptionnel maître espagnol. Cette omission, importante à nos yeux, a été la principale raison qui nous a fait juger indispensable d'établir à notre tour un catalogue offrant cette fois la reproduction de *toutes* les estampes de Goya connues à ce jour.

Nous avons rencontré, comme par le passé, une grande obligeance de la part des amateurs possédant des pièces de Goya ou des documents relatifs à sa vie et à son œuvre. Les compatriotes du maître ont rivalisé de zèle à cet égard. L'excellent peintre, D. Ignacio Zuloaga, nous a communiqué des renseignements fort importants, de même que D. José Lazaro, de Madrid; nous devons également de la reconnaissance à M. Sanchez Gerona, directeur de la Chalcographie de Madrid, et à M. Sanchez Rivero, du Cabinet des Estampes de Madrid, qui ont facilité, avec la plus extrême courtoisie, nos recherches à la Bibliothèque publique de Madrid.

En France et à l'étranger, nous avons aussi à remercier MM. F. Courboin, P.-A. Lemoisne et J. Laran, du Cabinet des Estampes, puis MM. Georges Aubry, C.-G. Boerner, Eug. Bouvy, Paul Cosson, H.-E. Delacroix, Campbell Dodgson, Fitz-Roy Carrington, Fix-Masseau, Pedro Gil Moreno de Mora (possesseur d'une merveilleuse série des *Désastres de la Guerre*), Curt Glaser, A. Gobin, Edmond Gosselin (qui nous a très obligeamment prêté un cuivre de Goya), Marcel Guérin, Albert Henraux, André Joubin, Maurice Le Garrec, de Madrazo, S. Meller, Et. Moreau-Nélaton, Maurice Pereire, G. Rapilly, Mme la C^{sse} M. de Sédières, MM. Henri Thomas, F. Weitenkampf.

FRANCISCO GOYA

Francisco Jose Goya y Lucientès, naquit à Fuendetodos (province de Saragosse) le 30 mars 1746 et fut baptisé, dès le lendemain, à Notre-Dame-de-
l'Assomption. Nous donnons ci-dessous le fac-simile de l'acte de baptême dont
une photographie nous a été communiquée par D. Ignacio Zuloaga.

La maison ou Goya vit le jour était des plus modestes; elle existe encore,
mais à l'abri de toute destruction ou de toute malencontreuse transformation.
D. Ignacio Zuloaga, qui professe à l'égard de Goya une profonde vénération,
a en effet acquis cette maisonnette il y a quelques années, et l'a conservée
dans son état primitif, hormis les travaux de consolidation reconnus indispen-

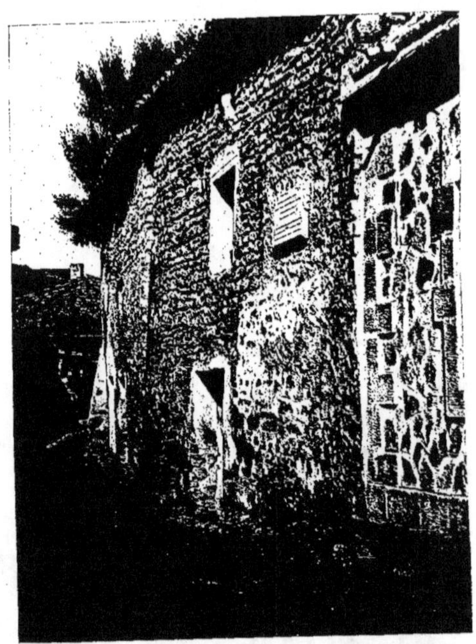

MAISON NATALE DE GOYA

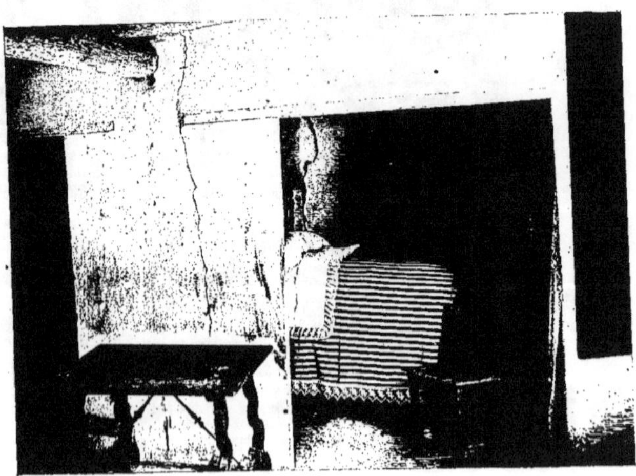

LA CHAMBRE NATALE DE GOYA

sables. Des descendants du maître habitent d'ailleurs cette restreinte mais
glorieuse demeure, qui reste ainsi l'apanage de sa famille sous la garde d'une
égide intelligente. De cette demeure et de la chambre ou naquit Goya nous
en publions ci-contre les images.

Francisco Goya avait un frère, Thomas, de quelques années plus âgé que
lui et qui l'initia aux premiers secrets de la peinture; ces conseils ne suffisant
pas, Goya fut alors envoyé à Saragosse, à peine âgé de 12 ans, chez le peintre
Joseph Luzan Martinez (né en 1710, mort en 1785), fondateur d'une Académie
publique des Beaux-Arts et où il resta cinq ou six ans.

De Saragosse, Goya gagna Madrid, appelé par François Bayeu y Subias (né
en 1734, mort en 1795) son camarade d'atelier, dont il devait par la suite
épouser la sœur Josefa (1775). Après un court séjour dans la capitale de l'Espagne,
Goya passa en Italie, à l'issue d'une querelle, où il aurait été dit-on, en compagnie de quelques autres, percé une nuit, dans le faubourg de Lavapiès, d'un
coup de navaja, mais surtout afin d'échapper à une arrestation demandée par
l'Inquisition. Goya ne dut-il pas derechef quitter précipitamment l'Italie à
l'occasion d'autres intrigues plus ou moins tapageuses et regagner sa patrie?
Légende ou vérité, Goya passait — tout en menant une vie assez irrégulière, ne
craignant pas de se mêler même au bas peuple — pour un grand batailleur
doublé d'un Don Juan. Qu'y a-t-il d'absolument véridique parmi les téméraires
et scabreuses aventures qu'on lui prête? Il fallait, en tous cas, évoquer en passant
ce côté si particulier de l'existence de Goya, puisque ses biographes se sont
plus ou moins complus à rappeler bon nombre d'anecdotes dignes 'd'un roman
de cape et d'épée. Nous ne reviendrons pas, pour notre part, sur les faits et
gestes rapportés par nos devanciers, n'ayant d'autre ambition que de consigner
ici les notes indispensables devant précéder le catalogue raisonné de son superbe
œuvre de graveur.

Goya revint à Madrid en 1775 et s'y maria. Bien qu'âgé seulement de 29 ans,
sa réputation de peintre s'était déjà établie. A cette date, Goya avait-il gravé?
Faut-il croire que la *Fuite en Egypte*, regardée comme sa première planche, ait
été exécutée vers 1770, en raison de sa naïveté, c'est-à-dire avant son séjour en
Italie et avant d'avoir vu et admiré, au point de s'en imprégner par la suite, les
eaux-fortes si lumineuses de Gio Battista Tiepolo? Nous le pensons. Les
planches qui suivirent, comme l'*Isidro Labrador* et le *Saint François de Paule*
surtout, se ressentent de cette influence, nulle dans la *Fuite en Egypte*, mais
visible encore dans une *Scène populaire* et même le célèbre *Garroté*, ainsi
que dans les seize belles eaux-fortes que Goya exécuta au cours de l'année 1778,
d'après les peintures de Velazquez, avec une si vive compréhension de la
lumière et une si spirituelle facture.

La renommée de Goya continuait à grandir comme peintre. Le 7 mai 1780,
l'Académie de San Fernando encore existante et qui conserve les cuivres des

Désastres de la Guerre et des *Disparates* (ou Proverbes) du maître, le recevait au nombre de ses membres, tandis qu'en 1785 il était désigné pour la place de *Teniente-Director*, à l'Académie Royale, et enfin nommé *peintre du Roi* (Charles III), à la date du 29 juin 1786. Goya avait alors 40 ans.

L'avènement de Charles IV (1789) marqua l'ère la plus heureuse de la vie si remplie de Goya. Il trouva en effet, auprès de ce monarque débonnaire et faible à l'excès, ainsi que de la part de la reine Marie-Louise, dont les mœurs n'étaient pas irréprochables, si l'on prête créance aux bruits du temps, une protection indispensable contre l'Inquisition, si souvent visée, par ricochet du moins, dans ses planches. Dès le 30 avril, Goya était nommé *peintre de la Chambre*, la plus haute dignité accessible à un artiste bien en cour.

C'est vers ce moment, que Goya grava les premières planches de l'une de ses séries les plus répandues et les plus curieuses : les *Caprices*, série de 80 planches où à côté de scènes purement fantaisistes, fantastiques et énigmatiques même parfois, il attaque et bafoue tour à tour, avec une verve exceptionnelle, les vices et les abus, les palinodies et les superstitions, les politiciens et jusqu'aux moines. Ces planches exécutées à l'eau-forte d'une pointe incisive, mordante et claire, inscrivant avec une netteté qui lui est toute particulière, les formes et les plans dont le clair obscur est délimité par des rehauts d'aqua-tinte savamment équilibrés, furent publiées une première fois, au nombre de 72, pendant les années 1796 et 1797. La première édition complète parut enfin en 1799 et non en 1803, comme on le crut fort longtemps. Un numéro du *Diario* de Madrid, dont nous donnons plus loin le fac-simile, fixe définitivement la date de l'édition originale des *Caprices*. Ces *Caprices* dans lesquels les puissants du jour jusqu'à y compris les protecteurs de l'artiste et les moines étaient quelque peu malmenés, n'avaient pas été sans susciter des protestations occultes dans certains milieux. Goya prévint les ennuis possibles en offrant la propriété de ses cuivres au Roi qui possédait déjà ceux des Velazquez. Une pension de 12.000 réaux fut alors octroyée au fils de Goya en retour de ce don.

A dater de 1810 environ, Goya grava presque autant qu'il dessinait ou peignait. C'est à partir de ce moment en effet, qu'en dehors des quelques pièces isolées de son œuvre, parmi lesquelles figurent les célèbres *Prisonniers*, que Goya commence, arrête, puis poursuit et termine ses séries des *Désastres de la Guerre*, des *Disparates* (ou Proverbes) et de la *Tauromachie*.

Les *Désastres de la Guerre* ont eu pour origine l'invasion qui plaça Joseph Napoléon sur le trône d'Espagne (1808-1814). Goya reconnut tout d'abord « l'intrus » comme son souverain. Il en reçut même la croix de la Légion d'honneur. On le lui a reproché. Le regretta-t-il ? Il est permis de le croire. Les *Désastres de la Guerre* sont comme l'aveu d'un demi-repentir; ils ne sont toutefois pas absolument la condamnation des violences françaises en Espagne; ils sont surtout une vibrante et admirable campagne, par le dessin, contre la guerre et les horreurs qui en découlent. Dans une partie des planches qui forment cette remarquable série, l'on peut supposer que Goya rétracte ses propres faiblesses ; il se dresse en vengeur et accuse nos soldats de cruautés parfois inconcevables qu'il prête d'autre part à ses propres concitoyens, avec non moins de conviction. La guerre d'Espagne fut d'ailleurs terrible : dégénérée en guerre de guérillas, elle obligea l'envahisseur à des représailles en réponse à des représailles. Goya, témoin de ces cruautés — *yo lo vi,* j'ai vu cela, affirme-t-il — les stigmatise alors d'une façon saisissante, d'où qu'elles viennent ; mais son véritable but fut avant tout, dans ses *Désastres*, de faire abhorrer plus la guerre que l'ennemi, en dévoilant à nos yeux ce qu'elle est capable de déchaîner chez les deux adversaires. Penseur et philosophe, il plaida dans les *Désastres de la Guerre* une grande cause humaine. Toutefois, rien ne pourra de longtemps encore, hélas ! prévaloir contre l'ambition démesurée ou seulement égoïste et intéressée des peuples, pas plus la pointe révélatrice d'un graveur de génie comme la sienne, que l'éloquence d'un grand tribun.

Au point de vue de l'art, les *Désastres de la Guerre* comptent parmi les estampes les plus puissantes et les plus évocatrices qui soient, et quelques-unes peuvent être citées sans réserve parmi les chefs-d'œuvre de la gravure. Goya s'y montre un tempérament exceptionnel, un artiste supérieur dans les planches 2, 3, 15, 16, 23, 26, 37, 39, 41, 44, 79, 80 et 82, que nous regardons comme les plus extraordinaires de la suite. Il en est d'autres dans cette série d'un intérêt au moins égal. C'est spécialement dans les épreuves d'*essais* ou d'états qu'on peut en sentir toute la terrifiante beauté ; ces épreuves, d'une grande luminosité, sont assez différentes des tirages exécutés à partir de l'année 1863, où règne quelque pesanteur en dépit des soins apportés cependant à l'impression.

Il est difficile de porter un jugement sur toutes les estampes composant la suite des *Disparates* (les *Sottises* ou les Extravagances) et connue jusqu'à nos jours sous le titre impropre des *Proverbes*. Peu d'épreuves d'essai ont en effet échappé à la destruction, c'est regrettable ; celles qu'il nous a été donné de voir sont tellement différentes des épreuves tirées en série ! Les eaux-fortes pures sont, en tous cas, très supérieures aux épreuves aqua-tintées, du moins à la plupart de celles que l'on rencontre.

A l'origine, les tons d'aqua-tinte avaient dû être répartis sur la planche par Goya, avec une science plus exacte des valeurs que nous le constatons en général sur de nombreuses épreuves, tirées d'ailleurs postérieurement à la mort du maître ; mais les cuivres étaient déjà oxydés lors d'un premier tirage régulier qui fut exécuté sans grand soin, en 1850. Acquis ensuite par l'Académie de San Fernando, les plaques furent alors nettoyées, mais également remordues pour la plupart, et ce, avec une lourdeur qui leur donne une opacité désagréable, en tous cas assez souvent inexplicable. Entre les pièces des *Disparates*, nous

signalerons tout particulièrement celle connue sous le titre : *Modo de volar*
et dont Paul Lefort a fait l'éloge à juste titre.

Comme pour les *Caprices* nous consignons, au cours du catalogue qui suit,
les particularités relatives aux états et aux tirages des *Disparates*.

Goya était, on le sait, un fanatique des Courses de Taureaux, le plaisir
national par excellence des Espagnols. L'on affirme même que Goya, bien
qu'assistant comme simple spectacteur, descendit plus d'une fois dans l'arène et
qu'il se signala par son habileté à combattre le taureau. Cette passion, ne nous
en plaignons pas, nous a valu la célèbre série de la *Tauromachie*, dont les
cuivres après avoir circulé dans diverses mains en France, de Loizelet à Ricardo
de Los Rios, sont enfin rentrés dans la patrie de Goya, et devenus la propriété
du Cercle des Beaux-Arts de Madrid.

Contrairement aux *Caprices*, dont on ne connaît jusqu'à ce jour aucune
épreuve *d'eau-forte pure*, il en existe quelques-unes des planches de la *Tauromachie* ; on les trouve soit à Paris, à la Bibliothèque de l'Université (fondation
Jacques Doucet), soit en Espagne, à la Bibliothèque Nationale, voire au Cabinet
des Estampes de Budapest.

Le nombre de ces épreuves est toutefois des plus restreints, et l'on ne
connaît même pas de détenteurs d'eaux-fortes pures, de certaines des planches
de la *Tauromachie*.

Ferdinand VII, à son retour en Espagne, abolit la constitution des Cortès
(1814); mais, combattu par les libéraux, il dut plus d'une fois faire appel à la France
pour se maintenir au pouvoir. Goya, qui au cours de son existence mouve-
mentée avait ouvertement soutenu les Cortès, représentant à ses yeux les idées
libérales émanées de la Révolution de 89, fut tenu en suspicion par le nouveau
Régime. Sa gloire et sa popularité le mirent heureusement à l'abri des persécu-
tions, sinon de maintes tracasseries. Le roi ne lui avait-il pas dit qu'il avait mérité
l'exil, plus que l'exil, le garrot! Goya alors âgé, et depuis fort longtemps atteint
d'une surdité qui l'obligeait de se tenir de plus en plus à l'écart de la cour et du
monde, sans cesser pour cela de produire — en 1819, il s'était intéressé à la litho-
graphie — demanda un congé pour venir en France où l'attirait son sentiment
d'indépendance et sa liberté d'esprit. Après un court séjour à Paris, Goya se fixa
à Bordeaux. Choisit-il de préférence cette ville à toute autre, parce qu'il ne se
trouvait pas trop éloigné de son pays? Il n'y grava pas, sa vue était d'ailleurs très
fatiguée; mais il y exécuta diverses lithographies dont quelques-unes comptent
parmi les plus belles qui existent, comme la suite des quatre grandes pièces
connues sous la dénomination : les *Taureaux de Bordeaux* (1825). Goya avait alors
plus de 80 ans! « Sa nouveauté — a écrit M. E. Bouvy, à leur propos — peu faite
« pour plaire au vulgaire, étonna et émerveilla les maîtres de l'époque. Elle fait
« aujourd'hui l'admiration des connaisseurs. C'est tout à la fois du romantisme,
« du naturalisme et de l'impressionisme : c'est Delacroix, Courbet et Manet. »

En 1827, Goya se rendit à Madrid dans le but de demander une prolongation de congé. Le roi Ferdinand la lui accorda, à une condition toutefois, flatteuse pour Goya, celle de laisser peindre son portrait par Vicente Lopez (né en 1772, mort en 1850). Ce beau portrait est conservé au Musée du Prado.

De retour à Bordeaux, Goya faiblit de jour en jour et, le 15 avril 1828, il mourait dans les bras de son fils Javier qui avait été mandé en toute hâte de Madrid. Ses funérailles eurent lieu à l'église Notre-Dame et l'inhumation au cimetière de la Chartreuse, dans le caveau de la famille Goicoechea. Mais Goya ne repose plus à Bordeaux. Ses restes ont été transportés à Madrid en 1899, dans l'église San Isidro.

L'œuvre gravé et lithographié de Goya est très important. Il ne renferme pas moins — comme le montre le catalogue qui suit — de 288 pièces qui placent leur auteur parmi les maîtres les plus extraordinaires et les plus attirants de l'estampe, tant par la science, la fantaisie, l'imagination, la profondeur de pensée, la puissance d'exécution, la verve enfin qui traversent son œuvre gravé et le rendent si varié et si captivant. Goya d'ailleurs, tout en appartenant en partie au XVIII* siècle, a devancé son époque ; il est et doit être regardé, dans l'histoire de l'art, comme l'un des plus grands précurseurs des temps modernes, aussi bien par la hardiesse de ses pensées et les buts qu'il a atteints, que par la richesse de sa pointe et de son pinceau, à l'aide desquels il sait exprimer la vie jusque dans le domaine purement imaginatif. Son esprit est avant tout attiré par les fortes émotions et son arme principale est la satire. Goya sait toutefois être gracieux et même galant à l'occasion : il le prouve dans quelques-unes des planches des *Caprices*, comme dans *Bellos consejos* et *Bien tirada esta*. Mais il se complaît mieux dans les scènes où son imagination et sa verve critique peuvent se donner libre cours ; il s'élève alors jusqu'aux plus hautes sphères de la pensée, sans cesser d'être véridique.

ADDITIONS ᴇᴛ MODIFICATIONS

AU

CATALOGUE

M. S. Gerona nous ayant communiqué au cours de l'impression de cet ouvrage, mais trop tard pour pouvoir les énumérer à leurs places respectives, des renseignements relatifs à un exemplaire exceptionnel des Caprices provenant de Menandez Pidal et entré depuis peu dans sa collection, nous nous empressons de les consigner ici :

Nᵒˢ 39 de notre catalogue. Pl. 2 des Caprices. Epreuve du 1er *état* décrit.
   40   »   »   » 3 »   »   Epreuve du 1er *état* décrit.
   43   »   »   » 6 »   »   Les états de cette planche sont les suivants :

       1er **État.** Avant la lettre et avant le numéro.
       2e — **Celui décrit** 1er.
       3e — **Celui décrit** 2e.

Nᵒˢ 44 de notre catalogue. Pl. 7 des Caprices. Epreuve du 1er *état* décrit.
   45   »   »   » 8 »   »   Epreuve du 1er *état* décrit.
   47   »   »   » 10 »   »   Epreuve du 1er *état* décrit (avec la légende *manuscrite*).
   50   »   »   » 13 »   »   Epreuve du 1er *état* décrit.
   51   »   »   » 14 »   »   Epreuve du 1er *état* décrit (avec retouches à la plume).
   52   »   »   » 15 »   »   Epreuve dn 1er *état* décrit.
   54   »   »   » 17 »   »   Epreuve du 1er *état* décrit (avec retouches au crayon).
   58   »   »   » 21 »   »   Les états de cette planche sont les suivants :

       1er **État.** Avant la lettre et avant le numéro.
       2e — **Celui décrit** 1er.
       3e — **Celui décrit** 2e.
       4e — **Celui décrit** 3e.

Nᵒˢ 64 de notre catalogue. Pl. 27 des Caprices. Epreuve du 1er *état* décrit.
   69   »   »   » 32 »   »   Epreuve du 1er *état* décrit (avec un nº 6 à l'encre).
   71   »   »   » 34 »   »   Epreuve du 1er *état* décrit (avec la légende manuscrite : *Las rindio el sueño*).
   76   »   »   » 39 »   »   Les états de cette planche sont les suivants :

       1er **État.** Avant la lettre et avant le numéro (avec la légende manuscrite *Hasta el treinta abuelo*).
       2e — **Celui décrit** 1er.
       3e — **Celui décrit** 2e.

No 77 de notre catalogue. Pl. 40 des Caprices. Les états de cette planche sont les suivants :

    1er Etat. Avant la lettre et avant le numéro.
    2e — Celui décrit 1er.
    3e — Celui décrit 2e.
    4e — Celui décrit 3e.

Nos 78 de notre catalogue. Pl. 41 des Caprices. Epreuve du *1er état* décrit.
    85 » » » 48 » » Epreuve du *1er état* décrit (avec retouches au crayon).
    90 » » » 53 » » Epreuve du *1er état* décrit.
    91 » » » 54 » » Epreuve du *1er état* décrit (avec la légende manuscrite).
    94 » » » 57 » » Les états de cette planche sont les suivants :

    1er Etat. Avant la lettre et avant le numéro.
    2e — Celui décrit 1er.
    3e — Celui décrit 2e.

Nos 96 de notre catalogue. Pl. 59 des Caprices. Epreuve du *1er état* décrit.
    103 » » » 66 » » Epreuve du *1er état* décrit.
    106 » » » 69 » » Epreuve du *1er état* décrit.
    107 » » » 70 » » Les états de cette planche, sont les suivants

    1er Etat. Avant la lettre et avant le numéro.
    2e — Celui décrit 1er.
    3e — Celui décrit 2e.

1. — LA FUITE EN ÉGYPTE
(H. 125 millim. L. o88)

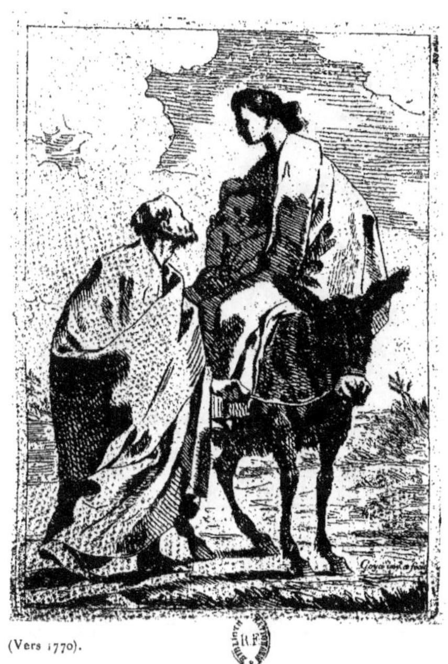

(Vers 1770).

Bibliothèque Nationale, Madrid, Cabinet des Estampes, Paris (épreuve mise au carreau), Museum of Fine Arts, Boston, Kupferstiche Kabinet, Berlin (épr. de F. Boix), MM. S. Gerona, Mme Pereire.

Cette petite eau-forte, regardée comme le premier essai de gravure de Goya et qui de l'avis de Carderera devait faire partie d'une série de planches par divers artistes espagnols (Maella, Bayeu, Camaron, etc.), est très rare ; elle a été reproduite dans Goya's **Seltene Radierungen und Lithographien**, de *V. von Loga* (Berlin, 1907), puis dans le **Goya grabador**, de *A. de Beruete y Moret* (Madrid, 1918).

Cuivre détruit.

2. — SAINT FRANÇOIS DE PAULE

(H. 132 millim. L. 095)

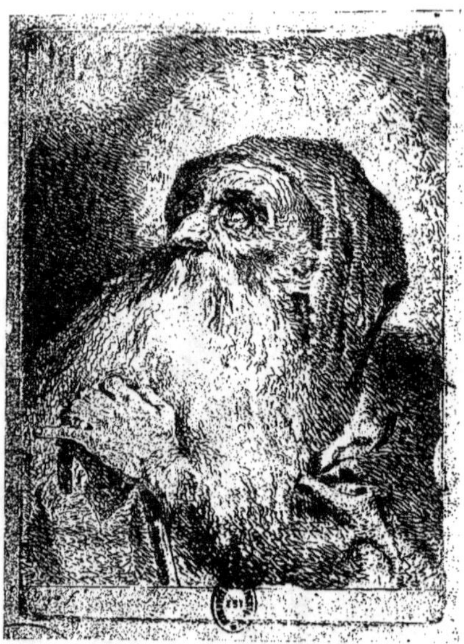

1er État.

1er Etat.   Avant divers travaux ; de plus, l'abréviation : *CARI* (pour Caritas) est inversée. **L'État**
reproduit. Fort rare. Bibliothèque Nationale, Madrid, Cabinet des Estampes, Paris, British
Museum.

2e   —   Avec de nombreuses tailles horizontales, légèrement obliques, sur le manteau du saint, à
gauche, depuis la barbe du personnage jusqu'à sa main et sous le petit doigt ; également avec
une vingtaine de légers traits au sommet du capuchon, dans les clairs de la barbe, à droite, etc.
L'abréviation *CARI* est rétablie dans son sens rationnel. Les épreuves anciennes sont sur papier
fort, les modernes sur papier satiné très blanc. Cabinet des Estampes, Paris, Bibliothèque de
l'Université, Paris, Museum of Fine Arts, Boston, Cabinet des Estampes, Budapest, Kupferstiche
Kabinet, Dresde, Kunsthalle de Bréme, MM. S. Gerona, Mce Pereire.

VENTES : Emile Galichon (1875), sous le titre : *Tête de vieillard, les mains jointes,* 20 fr. ; Ph. Burty,
(Londres, 1876), 2e état, 1 sh. ; A. Barrion (1904), 2e état, sous le titre : *Vieux Moine à barbe
blanche, non décrite,* 82 fr.

Cette pièce est signalée par G. Bourcard, dans sa **Cote des Estampes** (Paris, *Rahir,* 1912), où il la
donne comme *non décrite,* en s'appuyant sur l'indication inscrite au catalogue de la vente Alfred Barrion.

Le cuivre existe (Chalcographie de Madrid).

3. — ISIDRO LABRADOR

PATRON DE MADRID

(H. 231 millim. L. 168)

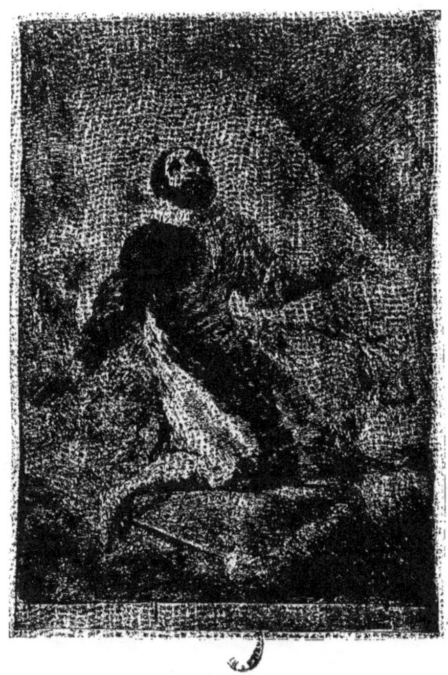

Bibliothèque Nationale, Madrid (épreuve de Valentin Carderera).

La seule épreuve connue jusqu'à ce jour de cette eau-forte, signée dans le bas, à gauche, a été reproduite dans Goya's Seltene Radierungen..., de *V. von Loga*, dans le Goya grabador, de *A. de Beruete*, puis dans *L'Art et le Beau* (Goya, par Lothaire Brieger).

Cuivre détruit.

PLANCHES D'APRÈS VÉLAZQUEZ

(1778)

(Nᵒˢ 4 à 19)

4. — RÉUNION DE BUVEURS (LOS BORRACHOS)

(L. 390 millim. H. 290)

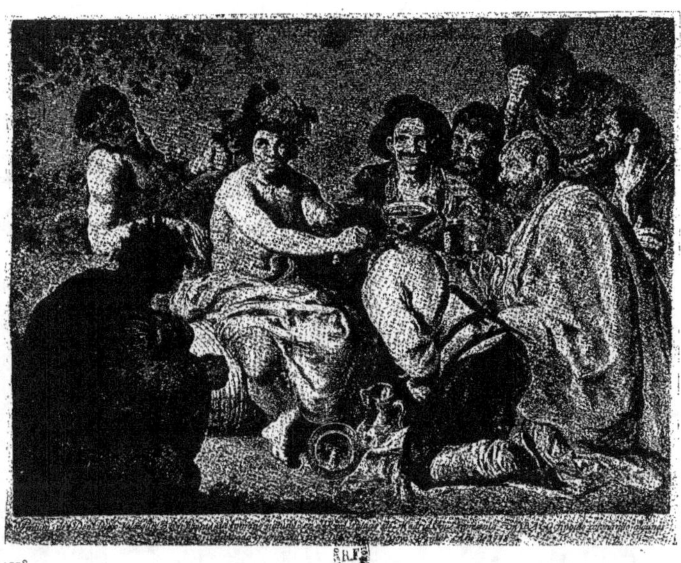

1778.

1ᵉʳ État. Le cuivre n'est pas biseauté. Sans autre différence. Cabinet des Estampes, Paris, Bibliothèque
de l'Université, Paris, Kunsthalle de Brême, Cabinet des Estampes, Budapest, Albertina,
Vienne, National Museum, Stockholm, Museum of Fine Arts, Boston, M. Gerstenberg.

2ᵉ — Le cuivre est biseauté.

VENTES : P. Lefort (1869), 1ᵉʳ état, 20 et 22 fr.; Ph. Burty (1876), 1ᵉʳ état, 10 sh.; A.-F. Didot (1877),
16 fr.; E. Lessorre (1889), 20 fr.; N.-A. Hazard (1919), 1ᵉʳ état, épr. de Lessorre, 225 fr.;
Anonyme (G. Eissler, Leipzig, 1921), 1ᵉʳ état, environ 525 fr.

Le tableau de Velazquez, d'après lequel Goya a exécuté son eau-forte, est conservé au Musée du
Prado (n° 1170 du cat.).

Le cuivre existe (Chalcographie de Madrid).

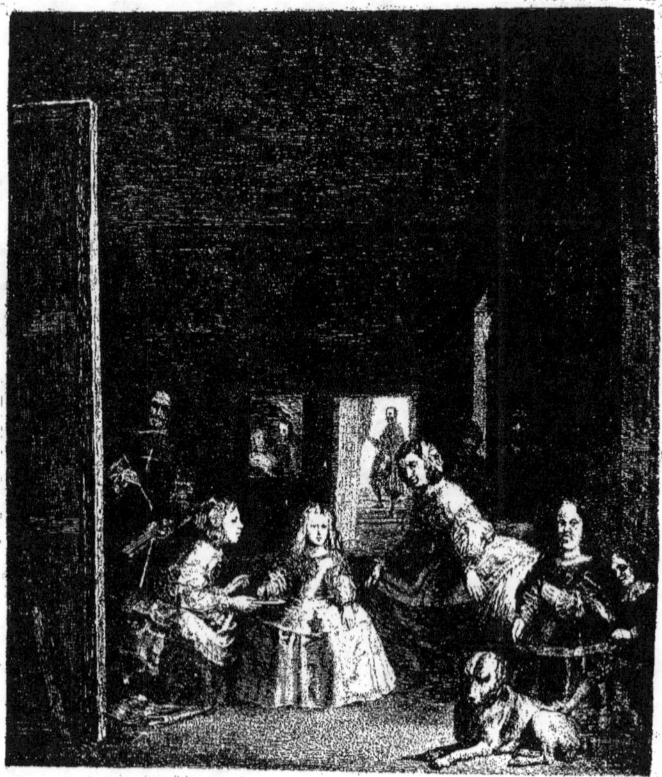

1er Etat.

1er Etat.   Avant l'aqua-tinte. Fort rare. L'Etat reproduit. Bibliothèque Nationale, Madrid (ép. de V. Carderera), Museum of Fine Arts, Boston, Kupferstiche Kabinet, Berlin (épr. de Cean Bermudez,
tirée recto et verso, l'une en sanguine), M. Eduardo Carderera.

2ᵉ État. Avec l'addition de tons d'aqua-tinte. Lefort rapporte à propos de cette addition : « On a
prétendu que Goya brisa cette planche, mécontent sans doute de sa lutte avec le chef-d'œuvre
qu'il voulait reproduire ; mais D. V. Carderera déclare que ce fut en dépit d'avoir laissé
mordre trop longtemps en voulant renforcer l'eau-forte de tons d'aqua-tinte ; il a vu, du reste,
l'unique épreuve tirée après cet accident ; elle appartient au général anglais Meade qui a résidé
longtemps à Madrid. »

Le tableau de Velazquez, d'après lequel Goya a exécuté son eau-forte, est conservé au Musée du
Prado, à Madrid (n° 1174 du cat.).

Cette importante pièce a été reproduite dans **Goya's Seltene Radierungen und Lithographien**, de V. von
Loga, 1907, dans le **Goya grabador**, de A. de Beruete y Moret, 1918, puis dans *L'Art et le Beau* (Goya,
par Lothaire Brieger).

Le cuivre existe?

6. — PHILIPPE III

(H. 358 millim. L. 310)

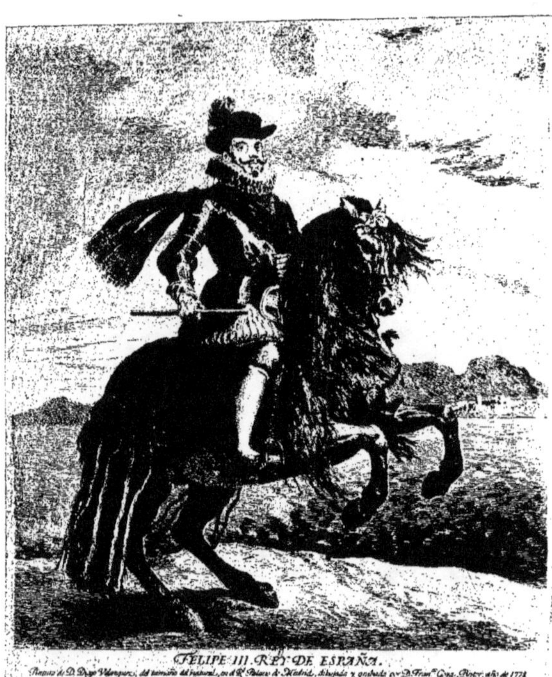

1778. — 2ᵉ Etat.

1ᵉʳ Etat.   Avant la lettre. Le cuivre n'est pas biseauté. De toute rareté.

2ᵉ   ---   Avec la lettre, mais avant les biseaux du cuivre. L'État reproduit.

3ᵉ   —   Le cuivre est biseauté; quelques travaux qui atteignaient les bords du cuivre ont disparu dans le tracé des biseaux.

VENTES : P. Lefort (1869), 20 et 24 fr.; Ph. Burty (Londres, 1876), 16 sh.; Weber (1913), 2ᵉ état, 46 marks; Anonyme (Leipzig, G. Eissler), 2.200 marks (env. 140 fr.).

Le tableau de Velazquez, d'après lequel Goya a exécuté son eau-forte, est conservé au **Musée du Prado** (nº 1176 du cat.).

Le cuivre existe (Chalcographie de Madrid).

7. — MARGUERITE D'AUTRICHE

(H. 370 millim. L. 310)

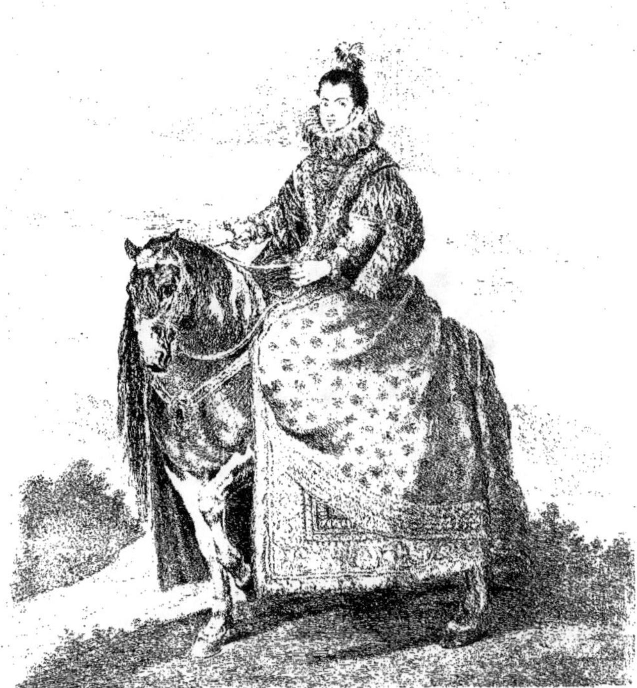

1778. — 2ᵉ État.

1ᵉʳ État.   Avant la lettre. Le cuivre n'est pas biseauté. De toute rareté.

2ᵉ   —   Avec la lettre, mais avant les biseaux. L'État reproduit.

3ᵉ   —   Le cuivre est biseauté; quelques travaux qui atteignaient les bords du cuivre ont disparu dans le tracé des biseaux.

VENTES : P. Lefort (1869), 24 fr.; Ph. Burty (1876), 17 sh.; Anonyme (G. Eissler, Leipzig, 1921), 2ᵉ état, environ 170 fr.

Le cuivre existe (Chalcographie de Madrid).

8. — PHILIPPE IV

(H. 374 millim. L. 316)

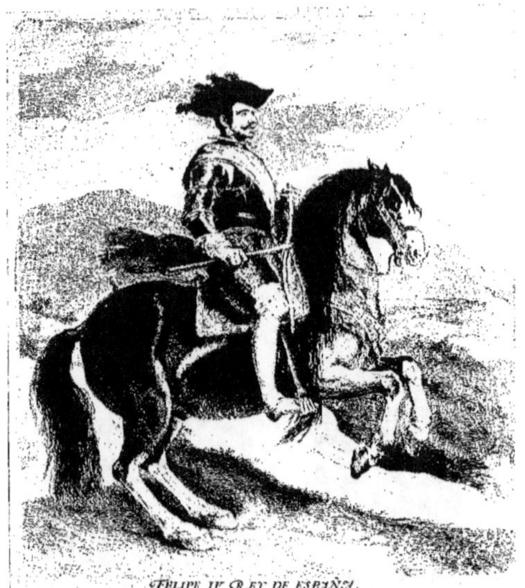

1778. — 2ᵉ État.

1ᵉʳ État. Avant la lettre. Le cuivre n'est pas biseauté. De toute rareté. Bibliothèque Nationale, Madrid (épr. de V. Carderera).

2ᵉ — Avec la lettre, mais le cuivre n'a pas encore de biseaux. **L'État reproduit.** Bibliothèque de l'Université, Paris, Bibliothèque publique, New-York, Museum of Fine Arts, Boston, Kunsthalle de Brême (épreuve de Burty), Kunsthalle de Hambourg, Cabinet des Estampes, Budapest, MM. S. Gerona, G. Usslaub.

3ᵉ — Le cuivre est biseauté; quelques travaux qui atteignaient les bords du cuivre ont disparu dans le tracé des biseaux.

VENTES : P. Lefort (1869), 24 fr.; Kalle (1875), 28 marks; Ph. Burty (Londres, 1876), 2ᵉ état, 15 sh., Halm (1910), 113 fr.; Lemarié (1912), 75 fr.; A. Bourdeley (1920), épr. de Burty, 2ᵉ état, 300 fr.; Anonyme (G. Eissler, Leipzig, 1921), 2ᵉ état, 1.600 marks (env. 85 fr.).

Le tableau de Velazquez, d'après lequel Goya a exécuté son eau-forte, est conservé au **Musée du Prado** (nº 1178 du cat.).

Un dessin préparatoire pour cette planche est conservé à la **Kunsthalle de Hambourg**.

Le cuivre existe (Chalcographie de Madrid).

(H. 376 millim. L. 317)

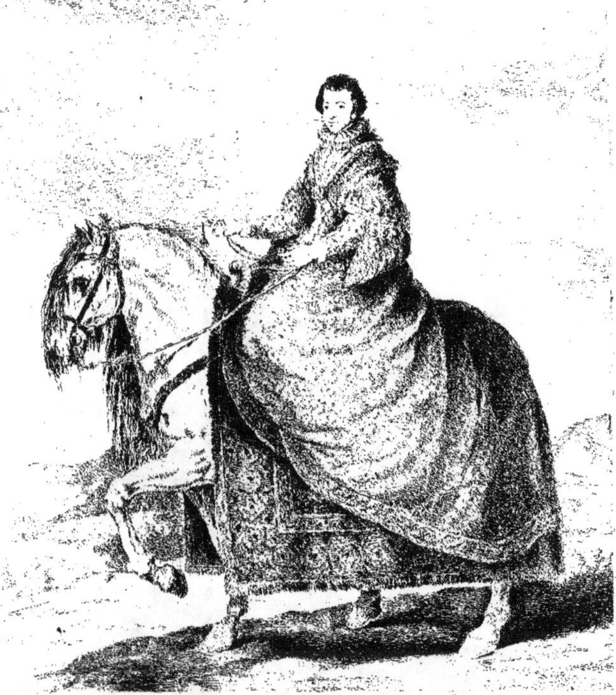

1778. — 2ᵉ État.

1ᵉʳ État. Avant la lettre. De toute rareté. Le cuivre n'est pas biseauté. Bibliothèque Nationale, Madrid (épreuve de V. Carderera).

2ᵉ — Avec la lettre, mais avant les biseaux. L'État reproduit.

3ᵉ — Le cuivre est biseauté ; quelques travaux qui atteignaient les bords du cuivre ont disparu dans le tracé des biseaux.

VENTES : Ph. Burty (1876), 2ᵉ état, 15 sh.; P. Rumpf (1908), 71 marks; Weber (1913), 2ᵉ état, 100 marks ; Anonyme (G. Eissler, Leipzig 1921), 2ᵉ état, environ 150 fr.

Le cuivre existe (Chalcographie de Madrid).

(H. cuivre 350 millim. L. 222)

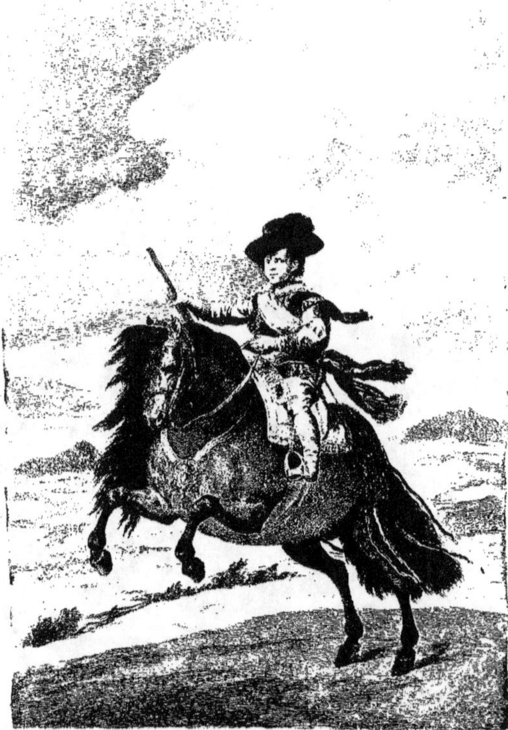

1778. — 2ᵉ État.

1ᵉʳ État.   Avant la lettre. Le cuivre n'est pas biseauté. De toute rareté.

2ᵉ   —   Avec la lettre. Le cuivre n'est pas encore biseauté. **L'État reproduit.**

3ᵉ   —   Le cuivre est biseauté : quelques travaux qui atteignaient les bords du cuivre ont disparu dans le tracé des biseaux.

VENTES : His de la Salle (1856), 1ᵉʳ état, 45 fr. ; E. Lessorre (1889), 29 fr. ; Anonyme (13 février 1920). 2ᵉ état, 130 fr.

Le tableau de Velazquez est conservé au **Musée du Prado**, à Madrid (n° 1180 du catalogue).

Le cuivre existe (Chalcographie de Madrid).

11. — D. GASPAR DE GUZMAN, COMTE D'OLIVARÈS

(H. 372 millim. L. 315)

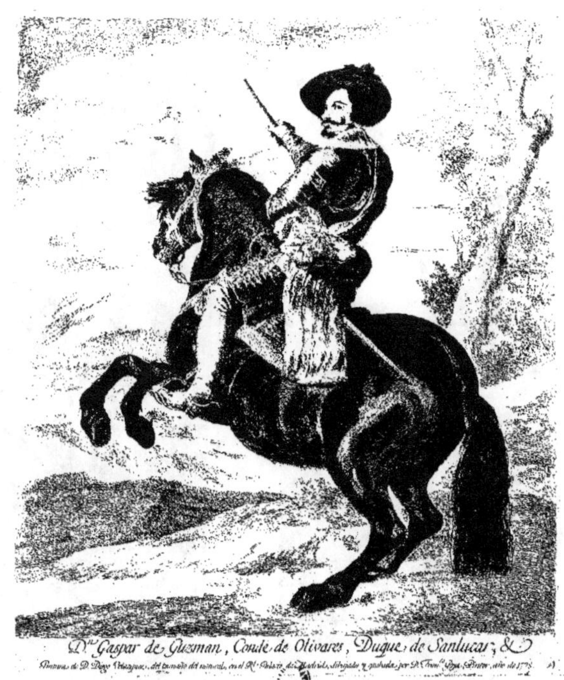

1778. — 2e État.

1er État. Avant la lettre. Le cuivre n'est pas biseauté. De toute rareté.

2e   – – Avec la lettre. Le cuivre n'est pas encore biseauté. **L'État** reproduit.

3e   —   Le cuivre est biseauté; quelques travaux qui atteignaient les bords du cuivre ont disparu dans
le tracé des biseaux.

VENTES : P. Lefort (1869), 20 fr.; Ph. Burty (Londres, 1876), 15 sh.; E. Lessorre (1889), 25 fr.;
Anonyme, 20 avril 1905, 30 fr.; Perry Rumpf (1908), 47 marks.

Le tableau de Velazquez, d'après lequel Goya a exécuté son eau-forte, est conservé au **Musée du Prado**
(n° 1181 du cat.).

Le cuivre existe (Chalcographie de Madrid).

(DON FERNANDO, FRÈRE DE PHILIPPE IV)

(H. 260 millim. L. 128)

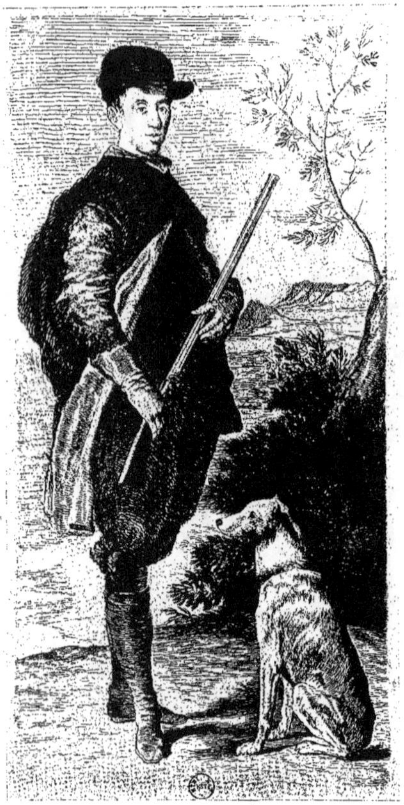

1778. — *1er État.*

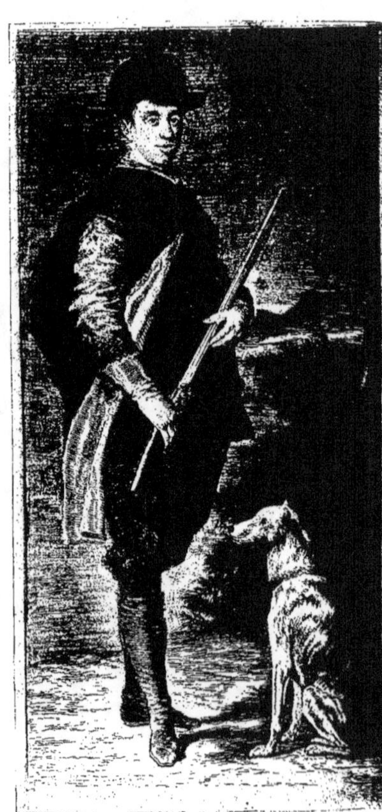

2e État.

1er État. Avant la lettre et avant le ton d'aquatinte. La planche n'est pas biseautée. De toute rareté. Bibliothèque Nationale, Madrid (épr. de Carderera), Cabinet des Estampes, Paris (épr. de Lessorre). État reproduit.

2e — Encore avant la lettre, mais avec le ton d'aquatinte. Fort rare. État reproduit. Bibliothèque Nationale, Madrid (épr. de Carderera), British Museum.

3ᵉ État   Avec la lettre. On lit : *UN INFANTE DE ESPAÑA. Pintura de Velaʒqueʒ del tamaño natur¹ en el R¹ Palacio de Madrid Dibuxᵒ y grabado pʳ Francᶜᵒ Goya Pintor.* Le cuivre n'est pas encore biseauté. Kunsthalle de Hambourg.

4ᵉ   —   Le cuivre est biseauté.

VENTES : E. Lessorre (1889), 1ᵉʳ état, 66 fr.; Anonyme (G. Eissler, Leipzig, 1921), 2ᵉ état, environ 450 fr.; 3ᵉ état, environ 140 fr.

Le tableau de Velazquez, d'après lequel Goya a exécuté son eau-forte, est conservé au **Musée** du Prado (nº 1186 du cat.).

Un dessin préparatoire de Goya pour cette planche est conservé à la **Kunsthalle de Hambourg**.

Le cuivre existe (Chalcographie du Louvre).

13. — PERNIA, DIT BARBEROUSSE

(H. 260 millim. L. 140)

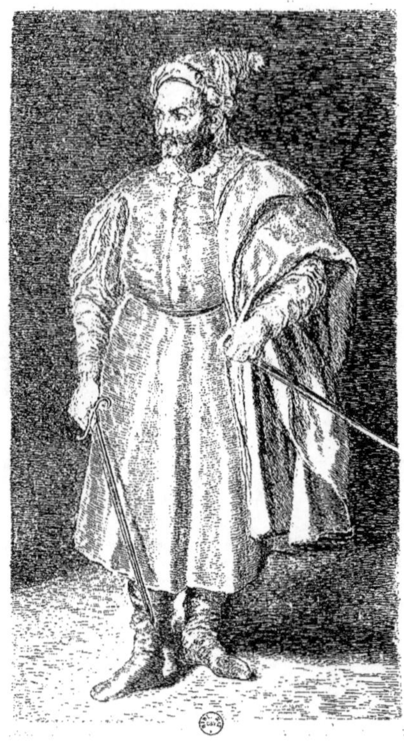

1778. — 1er État.

1er État. Celui reproduit. Avant l'aquatinte et avant toute lettre. De toute rareté. Bibliothèque Nationale, Madrid, Cabinet des Estampes, Paris (épreuve de Lessorre).

2e — Avec le ton d'aquatinte, encore avant toute lettre. Fort rare. Bibliothèque Nationale, Madrid, British Museum, Kupferstiche Kabinet, Berlin.

3e — Avec la lettre : *BARBARROXA. Pintura de Velazquez del tamaño natur^l en el R^l Palacio de Madrid. Dib^o y grab^o p^r. F. Goya Pintor.* Avant les biseaux.

4e Le cuivre est biseauté.

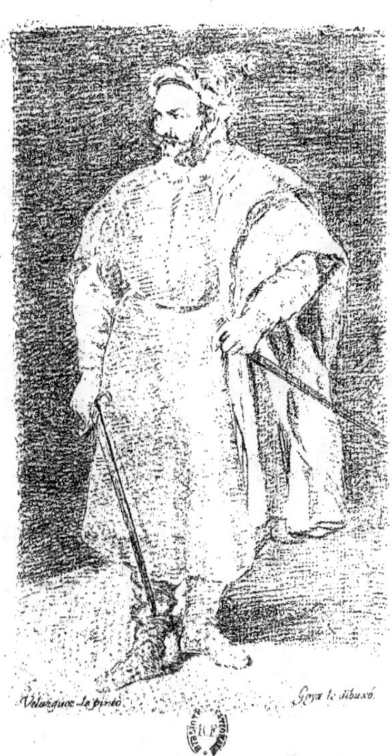

VENTES : E. Lessorre (1889), 1ᵉʳ état, 71 fr.; Roger Marx (1914), 3ᵉ état, 100 fr.; Anonyme (G. Eissler, Leipzig, 1921), 3ᵉ état, environ 140 fr.

Le tableau de Velazquez, d'après lequel Goya a exécuté son eau-forte, est conservé au **Musée du Prado** (nᵒ 1199 du cat.). D'autre part, un *dessin* préparatoire de Goya pour cette planche est conservé à la **Kunsthalle de Hambourg**; nous en donnons ci-dessus un fac-simile réduit.

Le cuivre existe (Chalcographie de Madrid).

(H. 255 millim. L. 144)

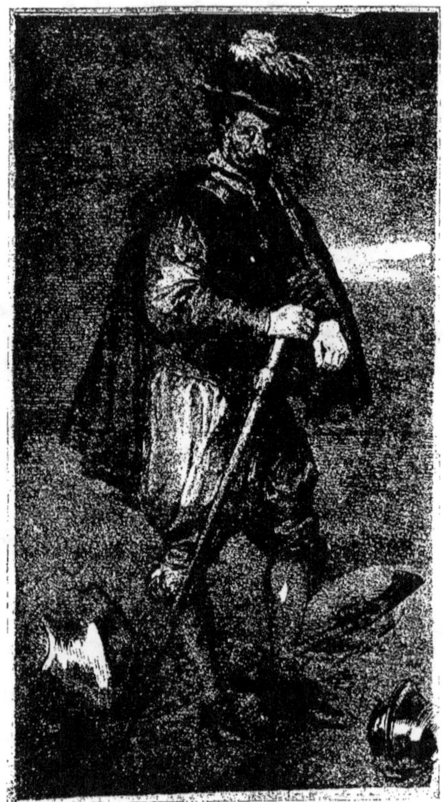

Eau-forte de toute rareté, dénommée aussi un **Vieux Gentilhomme**.

Bibliothèque Nationale, Madrid, 2 épreuves (une tirée en rouge), British Museum (épr. tirée en rouge).

VENTE : E. Lessorre (1889), 125 fr.

Le tableau de Velazquez, d'après lequel Goya a exécuté son eau-forte, est conservé au **Musée du Prado** (nº 1200 du cat.).

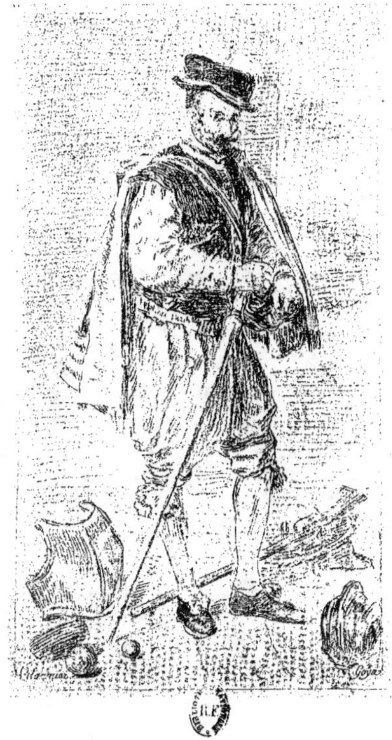

Un dessin préparatoire de Goya pour cette planche est conservé à la Kunsthalle de Hambourg; nous en donnons ci-dessus le fac-simile réduit.

Cuivre détruit?

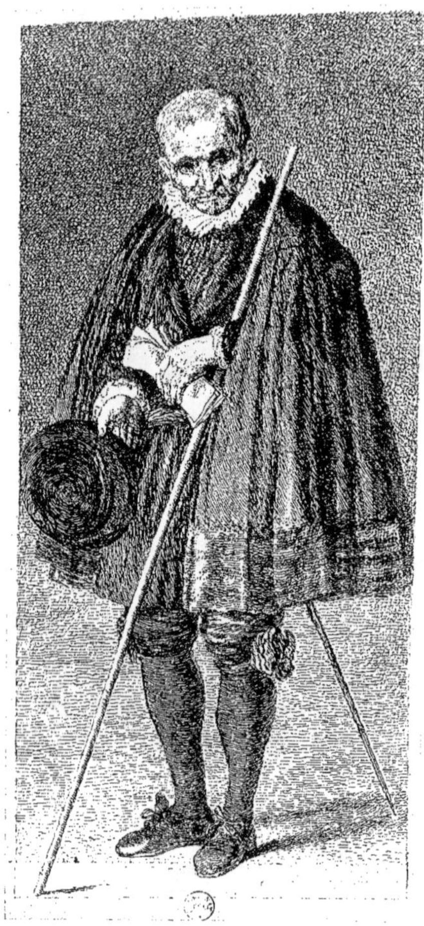

1ᵉʳ État.

1ᵉʳ État.   A l'eau-forte pure. De toute rareté. État reproduit. Bibliothèque Nationale, Madrid (épr. de V. Carderera), Cabinet des Estampes, Paris (épr. de Lessorre).

2ᵉ   —   Avec un ton d'aqua-tinte. État reproduit. De toute rareté. Kupferstiche Kabinet, Berlin (épr. tirée en rouge).

VENTE : E. Lessorre (1889), 1ᵉʳ état, 81 fr.

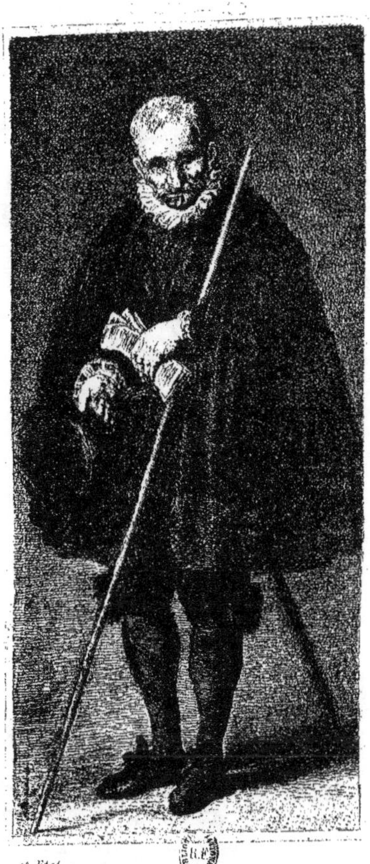

2ᵉ État.

A. de Beruete, dans son **Goya grabador** (1918), relève la confusion qui a été faite par Paul Lefort,
entre une œuvre attribuée à Carreño de Miranda (le bouffon Francisco Bazan) et une peinture de
Velazquez — celle reproduite par Goya — aujourd'hui perdue, mais dont on retrouve la trace dans un inven-
taire dressé en 1701 et publié dans les « Analas de la vida y de las obras de Diego de Silva Velazquez ».
Madrid, 1885 (p. 328).

Cuivre détruit.

16. — ESOPE

(H. cuivre, 302 millim. L. 220)

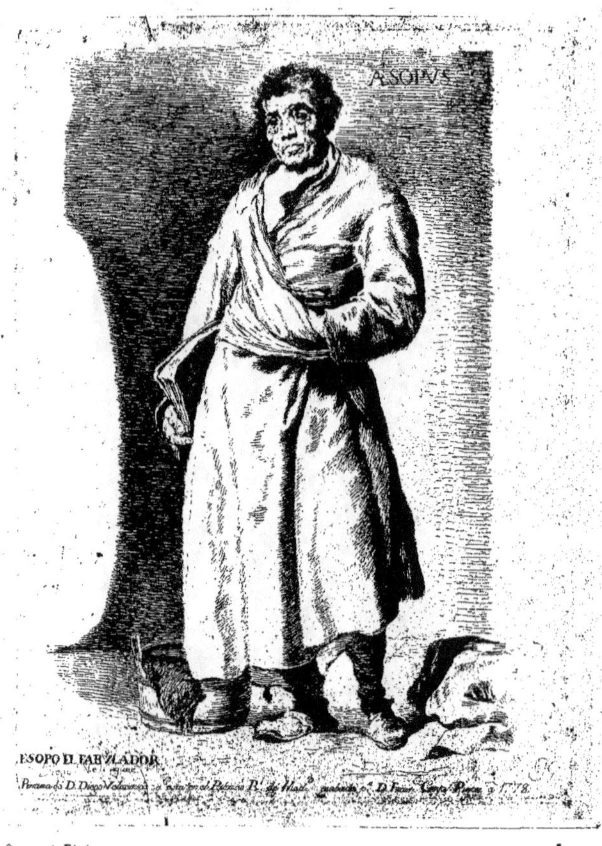

1778. — 2ᵉ *Etat*.

1ᵉʳ Etat. Avant toute lettre, même avant les noms des artistes. De toute rareté.

2ᵉ — Avec les noms des artistes à la pointe. On lit à G. : *Diego Velazquez*, et à D. : *F. G.*, puis
avec la lettre : *ESOPO EL FABULADOR — Pintura...* etc. Très rare. L'État reproduit.
Bibliothèque Nationale, Madrid (épreuve de V. Carderera), Kupferstiche Kabinet, Berlin,
MM. Berolzheimer, J. Lazaro, Madrid.

3° État. La lettre de l'état précédent est enlevée et remplacée par la suivante : *Sacada y gravada del Quadro original de D. Diego Velazquez que existe en el R. Palacio de Madrid, por D. Franc° Goya Pintor, año de 1778 Representa à Esopo el Fabulador de la estatura natural.* Le cuivre n'est pas encore biseauté. Rare. Cabinet des Estampes, Paris, Bibliothèque de l'Université, Paris, Nationalmuseum, Stockholm, Museum of Fine Arts, Boston (épr. de Burty), Albertina, Vienne, Kunsthalle de Hambourg, M. Maurice Pereire.

4° — Le cuivre est biseauté. Sans autre différence.

———

VENTES : His de la Salle (1856), 1er état, au verso d'une épreuve de B. Carlos, 45 fr.; P. Lefort (1869), 3e état, 9 fr.; E. Lessorre (1889), 2e état, 31 fr.; 3e état, 28 fr.; Alf. Lebrun (1899), avec le n° 17 de notre cat., 22 fr.; A. Barrion (1904), 2e et 3e états, 68 fr.; Ch. Bermond (1912), épr. d'Alf. Lebrun, avec le n° 17 de notre cat., 305 fr.; Anonyme (G. Eissler, Leipzig, 1921), 3e état, 1300 marks (environ 80 fr.).

———

Le tableau de Velazquez, d'après lequel Goya a exécuté son eau-forte, est conservé au **Musée du Prado** (n° 1206 du cat.).

———

Le cuivre existe (Chalcographie de Madrid).

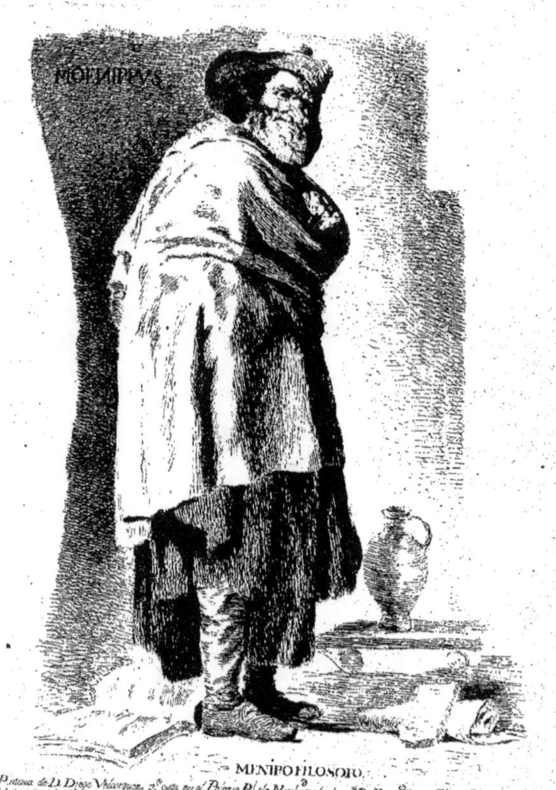

1778. — 2ᵉ État.

1ᵉʳ Etat.   Avant la lettre, même avant les noms des artistes. Le cuivre n'est pas biseauté. De toute rareté. Museum of Fine Arts, Boston (épr. de Peoli).

2ᵉ   —   Avec les noms ou les initiales des artistes très légèrement tracés à la pointe et avec la lettre. Très rare. L'État reproduit. Bibliothèque Nationale, Madrid, Kupferstiche Kabinet, Berlin, M. José Lazaro.

3ᵉ État. L'inscription précédente est enlevée et remplacée par la suivante : *Sacada y gravada del Quadro original de D. Diego Velazquez que existe en el Rˡ Palacio de Madrid, por D. Francᵒ Goya Pintor año de 1778. Representa à Menipo Filosofo de la estatura natural.* Encore avant les biseaux. Cabinet des Estampes, Paris, Museum of Fine Arts, Boston (épr. de Burty), L'Albertina, Vienne, Kunsthalles de Brême et de Hambourg, MM. O. Gerstenberg, Mᶜᵉ Pereire.

4ᵉ — Le cuivre est biseauté.

VENTES : P. Lefort (1869), 1ᵉʳ état, 16 fr. ; E. Lessorre (1889), 31 fr. ; A. Barrion (1904), 3ᵉ état, 30 fr. ; Alf. Beurdeley (1920), épr. de A. Barrion, 230 fr. ; Anonyme (Blaise), 5 déc., 1921, 3ᵉ état, 82 fr.

Le tableau de Velazquez, d'après lequel Goya a exécuté son eau-forte, est conservé au Musée du Prado (nᵒ 1207 du cat.).

Le cuivre existe (Chalcographie de Madrid).

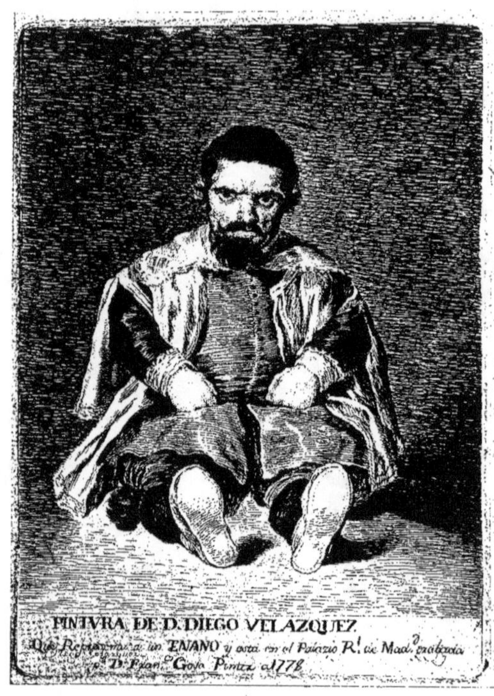

1778. — 2ᵉ Etat.

1ᵉʳ Etat. Avant toute lettre. Le cuivre n'est pas biseauté. De toute rareté. Bibliothèque Nationale,
Madrid (épr. de Carderera).

2ᵉ   —   Avec la première inscription. Très rare. L'Etat reproduit. Bibliothèque Nationale, Madrid,
Kupferstiche Kabinet, Berlin, MM. Berolzheimer, O. Gerstenberg, J. Lazaro, Madrid.

3ᵉ État.   L'inscription précédente est enlevée et remplacée par la suivante : *Saccada y gravada del Quadro original de D. Diego Velazquez en que representa al vivo un Enano del S. Phelipe IV. por D. Francisco Goya Pintor. Existe en el R.ˡ Palacio de Madrid Año de 1778.* Encore avant les biseaux. Bibliothèque de l'Université, Paris, Kunsthalle de Brême (épreuve de Burty), Cabinet des Estampes, Budapest, Museum of Fine Arts, Boston (épr. de Burty), l'Albertina, Vienne, M. O. Gerstenberg.

4ᵉ   —   Le cuivre est biseauté ; des travaux qui atteignaient les bords du cuivre de gauche et de droite ont disparu dans le tracé des biseaux.

VENTES : Roger Marx (1920), avec le nº 19 de notre cat., 120 fr. ; Alf. Beurdeley (1920), 3ᵉ état, 220 fr. ; Anonyme (G. Essler, 1921), 2ᵉ état, 10.000 marks (environ 600 fr.).

Le tableau de Velazquez, d'après lequel Goya a exécuté son eau-forte, est conservé au Musée du Prado (nº 1202 du cat.).

Le cuivre existe (Chalcographie de Madrid).

(H. 215 millim. L. 154)

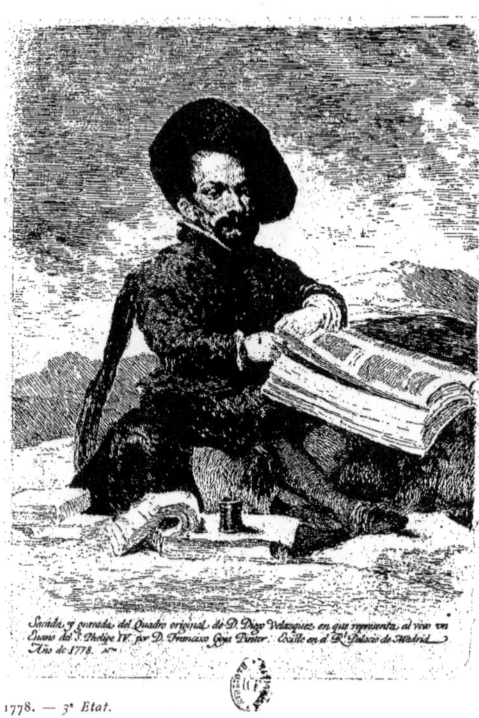

Sacada y grabada del Quadro original de D. Diego Velazquez en que representa al vivo un Enano del S. Phelipe IV. por D. Francisco Goya Pintor. Existe en el R.l Palacio de Madrid Año de 1778.

1778. — *3ᵉ Etat.*

1ᵉʳ Etat. Avant toute lettre. Le cuivre n'est pas biseauté. De toute rareté. Bibliothèque Nationale, Madrid.

2ᵉ — Encore avant la lettre, mais avec les noms des artistes. De toute rareté.

3ᵉ — Avec la lettre. Le cuivre n'est pas biseauté. **L'État reproduit.**

4ᵉ — Le cuivre est biseauté. Quelques travaux ont disparu dans le tracé des biseaux.

———

VENTES : His de la Salle (1856), 1ᵉʳ état, 53 fr.; Lessorre (1889), 3ᵉ état, 36 fr.; A. Beurdeley (1920), 3ᵉ état, 280 fr.

———

Le tableau de Velazquez, d'après lequel Goya a exécuté son eau-forte, est conservé au Musée du Prado (n° 1201 du cat.).

———

Le cuivre existe (Chalcographie de Madrid).

20. — UNE SCÈNE POPULAIRE ou L'AVEUGLE A LA GUITARE
(L. 570 millim. H. 395)

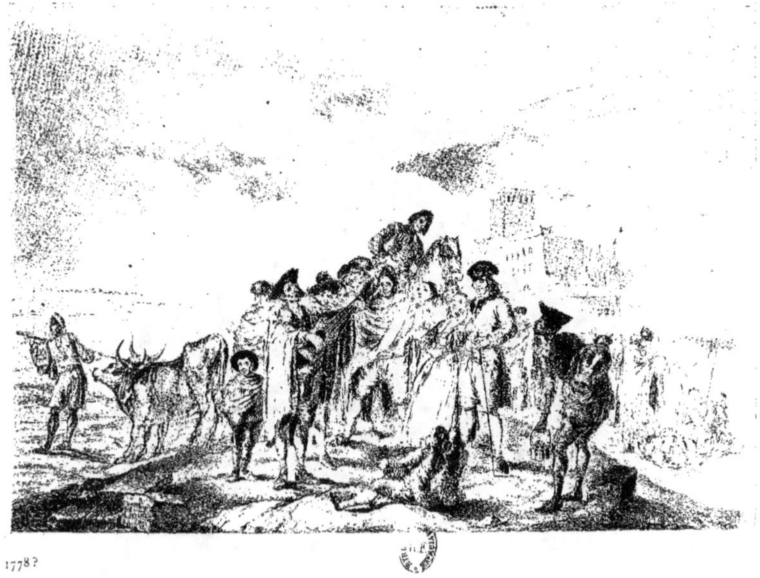

1778?

Eau-forte. Très rare.

Bibliothèque Nationale, Madrid (épr. de Carderera), Cabinet des Estampes, Paris, Bibliothèque de l'Université, Paris (épr. de Lessorre et Barrion), British Museum, MM. Séb. Monserrat, Mme Pereire (épr. de Cristoffel Ferriz), D. Fernando Rosillo.

VENTES : E. Lessorre (1889), 180 fr.; A. Barrion (épr. de Lessorre), 1re vente, 1904, donnée comme pièce *attribuée*, 36 fr.; 2e vente (1913), la même épreuve, 2.305 fr.; Alf. Beurdeley (1920), épr. de Davillier? 3.200 fr.

Cette pièce cataloguée sous divers titres : *Une Scène populaire* (Lefort), *l'Aveugle à la guitare* (de Beruete), un *Aveugle chantant* (Lafond), *l'Aveugle chantant sur une place publique* (Hofmann), est la traduction, en sens inverse, d'un carton de tapisserie conservé au **Musée du Prado**.

Cuivre détruit.

21. — LE GARROTÉ

(H. cuivre, 327 millim. L. 211)

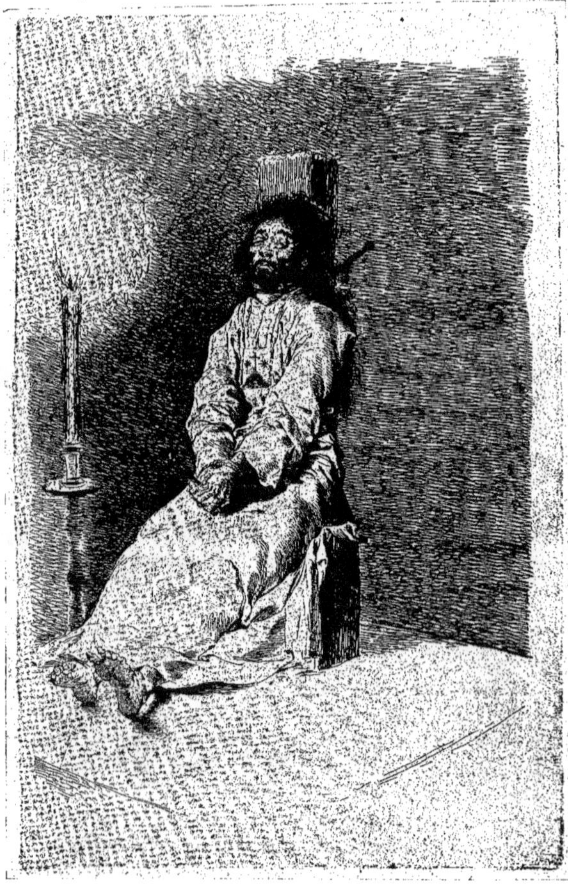

1ᵉʳ Etat.

1ᵉʳ Etat. Le cuivre n'est pas biseauté. Très rare. **L'État reproduit.** Bibliothèque Nationale, Madrid,
Cabinet des Estampes, Paris, Cabinet des Estampes, Budapest, Kupferstiche Kabinet, Dresde,
Bibliothèque de l'Université, Paris, MM. H. E. Delacroix, O. Gerstenberg, Henri Thomas.

2ᵉ — Le cuivre est biseauté. Avec des usures et des retouches dans la chevelure du patient.

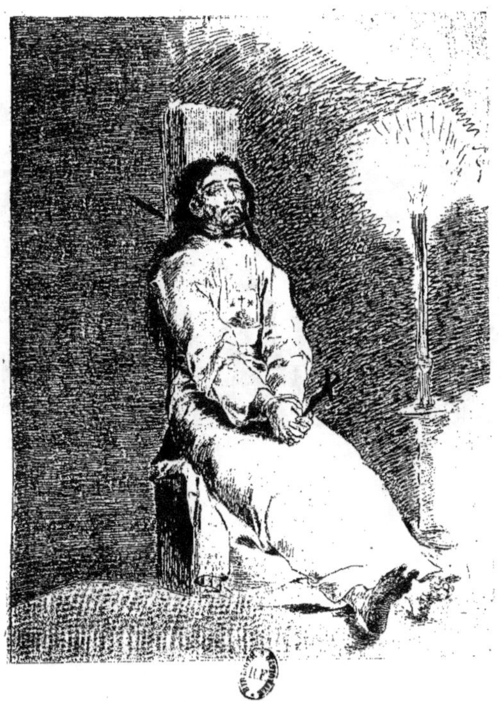

VENTES : P. Lefort (1869), 32 fr. ; E. Galichon (1875), 40 fr. ; E. Lessorre (1889), 108 fr. ; Morrisson (1906), 200 fr. ; Anonyme, 30 mars 1916, 1er état, 1.220 fr. ; Anonyme (G. Eissler), Leipzig, nov. 1921, 1er état, 36.000 marks (environ 1.900 fr.) ; Marcel Guérin (1921), 1er état, 500 fr.

Le British Museum possède le dessin préparatoire du **Garroté**, dont nous donnons ci-dessus un *fac-simile* réduit.

En dehors du fac-simile par l'héliogravure d'Amand Durand, fac-simile assez trompeur lorsque les épreuves sont tirées sur papier ancien, mais reconnaissable au cachet rouge apposé au verso des épreuves, il existe de la célèbre planche du **Garroté** une autre reproduction signalée dès 1862, par Ph. Burty, dans la **Gazette des Beaux-Arts**.

Le cuivre existe (Chalcographie de Madrid).

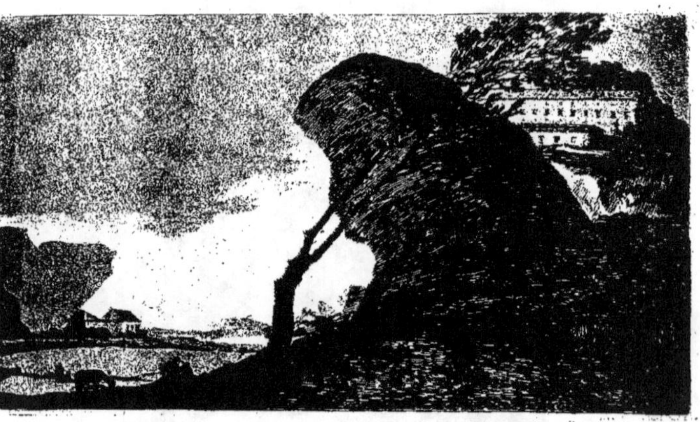

Eau-forte et aqua-tinte.

De toute rareté. Bibliothèque Nationale, Madrid.

Cette pièce est reproduite dans Goya's **Seltene Radierungen** .. de *V. von Loga*, puis dans le **Goya grabador**, de *A. de Beruete*.

Le cuivre du **Grand Rocher**, considéré à juste titre par les biographes de Goya comme détruit, existe mais séparé en deux tronçons. Nous tenons ce précieux renseignement de M. Sanchez Gerona qui a retrouvé en effet les traces de la planche, ainsi mutilée, à l'envers des cuivres des planches 13 et 15 des **Désastres de la Guerre**. Il possède un exemplaire de ces deux parties séparées, ainsi que M. H.-E. Delacroix.

(L. 263 millim. H. 145)

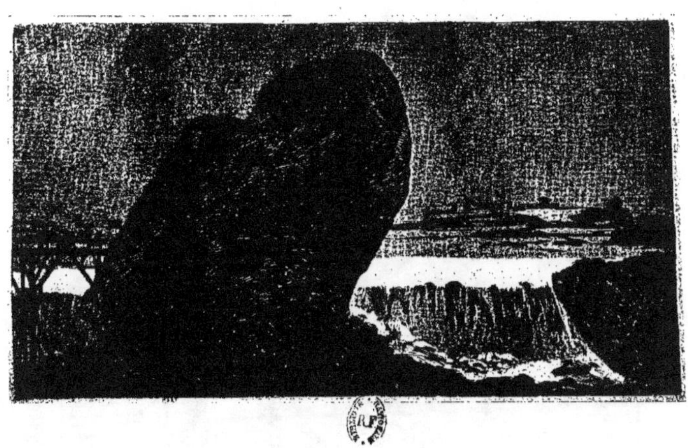

Eau-forte et aqua-tinte.

De toute rareté. Bibliothèque Nationale, Madrid.

———

Cette planche, qui forme en quelque sorte pendant avec l'estampe précédente, est reproduite dans Goya's Seltene Radierungen... de *V. von Loga*, puis dans le Goya grabador, de *A. de Beruete.*

———

Au revers du cuivre de la **Chute d'eau**, coupé en deux tronçons comme la planche précédente, Goya a gravé deux des scènes des **Désastres de la Guerre** (planches 14 et 3o de la série).

———

24. — DIOS SE LO PAGUE A USTED (DIEU VOUS LE RENDE)

(L. 185 millim. H. 138)

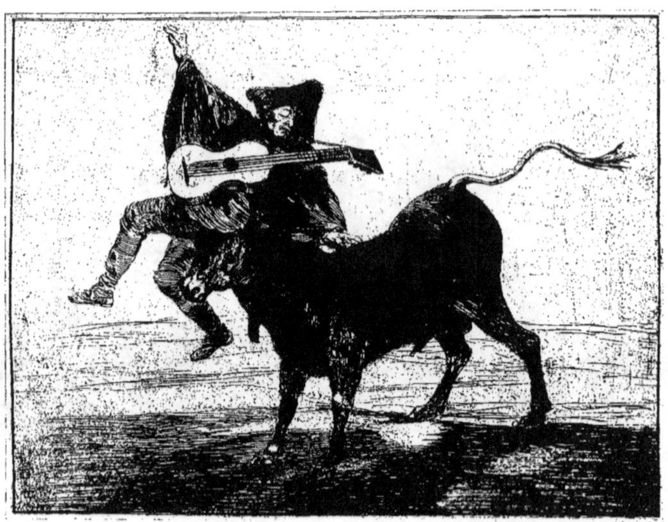

1ᵉʳ Etat.   Avant la lettre. Il n'est pas connu d'épreuves anciennes. Kunsthalle de Brême (épr. de Lefort), Museum of Fine Arts, Boston.

2ᵉ   —   Avec la lettre. On lit en marge : *AVEUGLE ENLEVÉ SUR LES CORNES D'UN TAUREAU*, puis plus B. à G. : *Gazette des Beaux-Arts*, et à D. : *Imp. Delâtre Paris*. Etat publié dans la Gazette des Beaux-Arts (p. 388, 1867).

3ᵉ   —   Les mots : *Gazette des Beaux-Arts* et *Imp. Delâtre Paris* sont effacés. Sans autre différence. Tirage de Gosselin père.

VENTES : Emile Galichon (1875), 20 fr.; Alf. Lebrun (1899), 14 fr.; Alf. Beurdeley (1920), épr. de Lebrun, 170 fr.; Anonyme (G. Eissler, nov. 1911), 1ᵉʳ état, environ 1.400 fr.

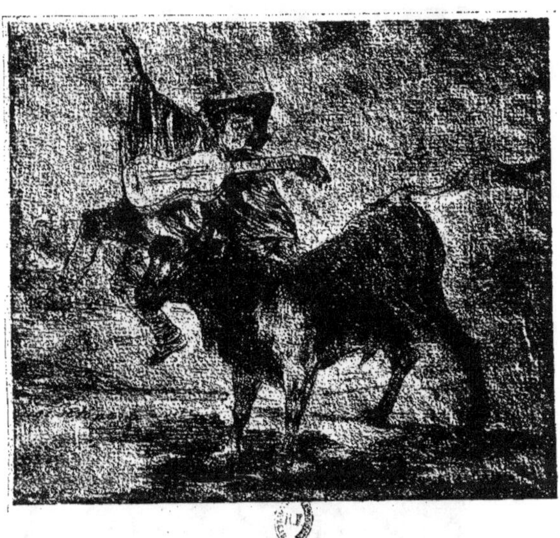

Le dessin préparatoire pour cette pièce est conservé au **Musée du Prado**; nous en donnons ci-dessus la reproduction.

Cette eau-forte, plus généralement connue sous la dénomination l'Aveugle enlevé sur les cornes d'un taureau, mais que nous avons désignée avec la *légende*, inscrite par Goya lui-même, sur le dessin préparatoire, et non sur une épreuve comme l'indique Lefort par inadvertance, a été reproduite dans : Goya's Seltene Radierungen..., de V. von Loga, puis dans le Goya grabador, de A. de Beruete.

Le cuivre existe.

(H. 186 millim. L. 120)

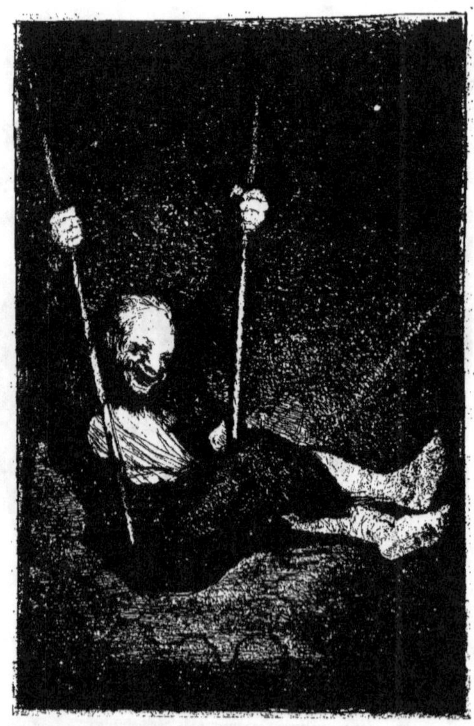

2ᵉ *Etat.*

1ᵉʳ Etat. Avant quelques travaux sur diverses parties de la planche. Kupferstiche Kabinet, Berlin (épr. de F. Boix). Seul exemplaire connu et reproduit dans le **Goya's Seltene Radierungen...**, de V. vou **Loga,** 1907.

2ᵉ — Avec l'addition de nouveaux travaux et quelques effaçages dans le bas de la planche. Tirage effectué en 1859. **L'État reproduit.** Bibliothèque Nationale, Madrid, Cabinet des Estampes, Paris, Kunsthalle de Brême (épreuve de Burty), Cabinet des Estampes, Budapest, L'Albertina, Vienne, M. S. Gerona.

Il existe deux copies du **Vieux se balançant**; l'une est gravée par B. Maura et porte en marge : *COPIA DE GOYA POR B. MAURA*. 1875. — FAC SIMILE DE UN AGUA FUERTE DE GOYA — 35; l'autre, anonyme, est de M. Sanchez Gerona (vers 1905).

VENTES : P. Lefort (1869), 7 fr.; Ph. Burty (Londres, 1876), avec le n° suivant, 1 £; Roger Marx (1914), avec les n°⁵ 26, 27, 28 et 29 de notre cat., 700 fr.; Anonyme (G. Eissler, Leipzig, 8-10 nov. 1921), 9.000 marks (env. 480 fr.).

Le cuivre existe ?

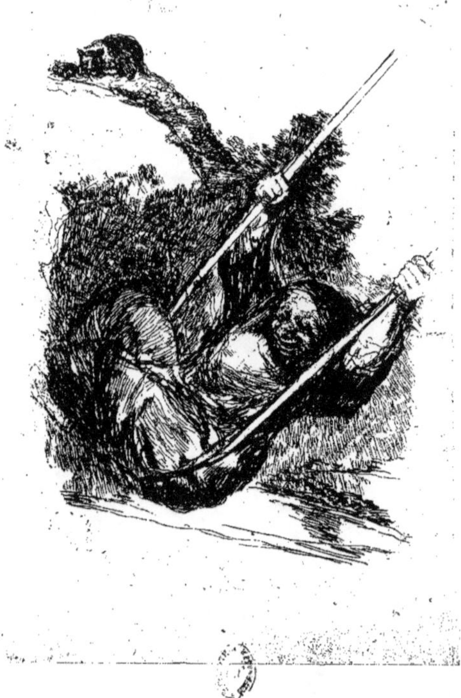

Bibliothèque Nationale, Madrid, Cabinet des Estampes, Paris, Kupferstiche Kabinet, Berlin, Cabinet des Estampes, Budapest, l'Albertina, Vienne, M. S. Gerona.

Il existe une copie de cette pièce par M. S. Gerona (vers 1905) et un fac-simile dans l'ouvrage *Hässliche Kunst?*, de E.-W. Bredt (Munich, 1913).

VENTES : P. Lefort (1869), 10 fr.; Ph. Burty (1876), avec le n° précédent, 1 £; Anonyme (G. Eissler, Leipzig, 1921), 8.000 marks (environ 440 fr.).

Le cuivre existe?

27. — UN VIEUX TORERO
(H. cuivre, 189 millim. L. 120)

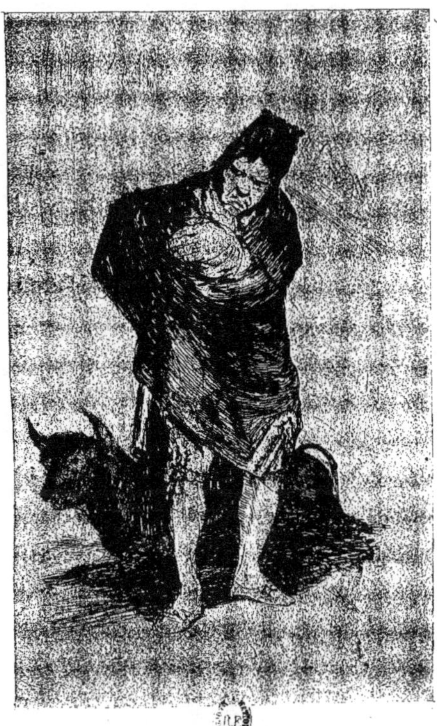

Cabinet des Estampes, Paris, British Museum (épr. de Burty) Kupferstiche Kabinet, Berlin, Cabinet
des Estampes, Budapest, l'Albertina, Vienne, MM. S. Gerona, O. Gerstenberg.

VENTES : P. Lefort (1869), 11 fr.; Ph. Burty (1876), 15 sh.; R. Marx (1914), avec les n°s 25, 26, 28 et 29
de notre cat., 700 fr. ; Anonyme (G. Eissler, 1921), env. 350 fr.

On ne connaît pas de cette pièce, cataloguée par A. de Beruete sous le titre : le *Drapé dans son
manteau* (El Embozodo), d'épreuves contemporaines du maître; les exemplaires qu'on en rencontre ont
été tirés vers 1859, par les soins de Lumley, propriétaire du cuivre à cette époque, ainsi que des autres
cuivres des pièces cataloguées sous les n°s 25, 26, 28, 29, 32 et 33 de notre catalogue.

Le cuivre existe?

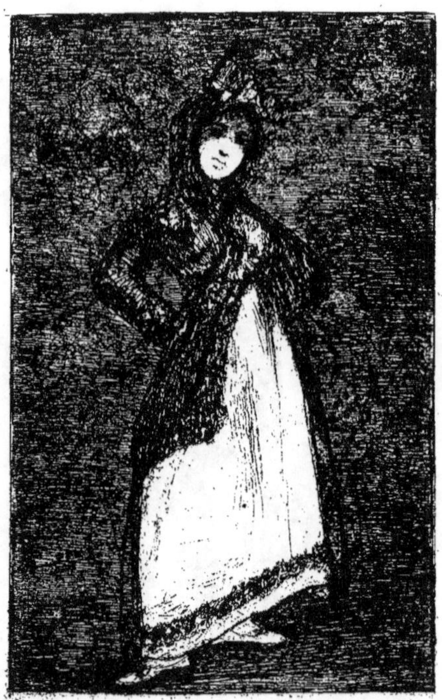

Bibliothèque Nationale, Madrid, Cabinet des Estampes, Paris, British Museum (épr. de Burty), Kupferstiche Kabinet, Berlin, Cabinet des Estampes, Budapest, l'Albertina, Vienne, MM. S. Gerons, M⁰ᵉ Pereire.

VENTES : P. Lefort (1869), 5 fr.; Ph. Burty (Londres, 1876), 10 sh.; Roger Marx (1914), avec les nᵒˢ 25, 26, 27 et 29 de notre cat., 700 fr; Anonyme (G. Eissler, Leipzig, nov. 1921), 12.500 marks (environ 700 fr.).

Le cuivre de cette pièce appartenait à un amateur anglais, Lumley, qui en fit tirer quelques épreuves en 1859.

Le cuivre existe?

(H. cuivre, 188 millim. L. 123)

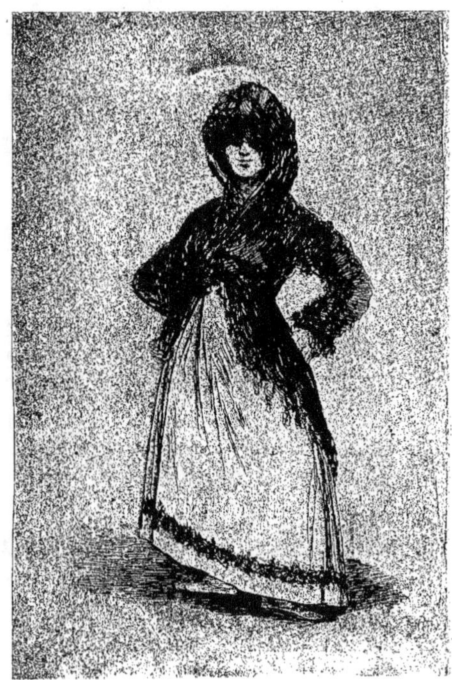

Bibliothèque Nationale, Madrid, British Museum (épr. de Burty), Kupferstiche Kabinet, Berlin
Cabinet des Estampes, Budapest, MM. S. Gerona, M^ce Pereire.

VENTES : P. Lefort (1869), 18 fr.; Ph. Burty (1876), 10 sh.; R. Marx (1914), avec les n°s 25, 26, 27 et 28
de notre cat., 700 fr.; A. Beurdeley (1920), 320 fr.; Anonyme (G. Eissler, Leipzig, 1921),
environ 1.300 fr.

Le cuivre de cette pièce appartenait à un amateur anglais, Lumley, qui en fit tirer quelques épreuves
en 1859.

Le cuivre existe ?

30. — AVEUGLE ASSIS, CHANTANT

(H. 165 millim. L. 105)

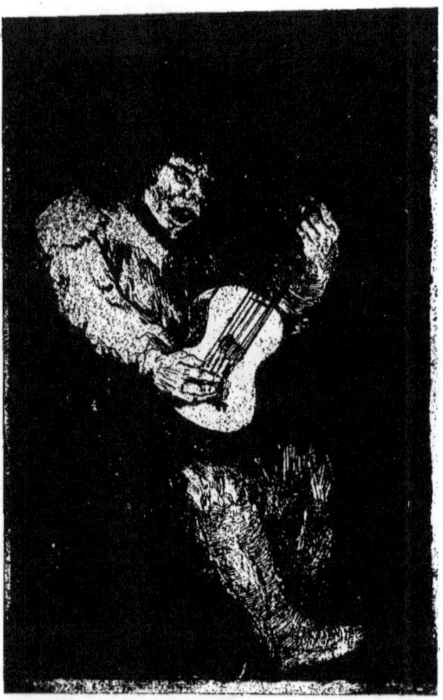

1er Etat.

1er Etat. Avant divers travaux, notamment sur les jambes de l'aveugle. **L'Etat reproduit.** De toute rareté.
Kupferstiche Kabinet, Berlin (épreuve de F. Boix), M. José Lazaro, Madrid.

2e — Avec l'addition de travaux sur diverses parties de la planche, spécialement sur les jambes du
personnage.

3e — Avec un astérisque dans la marge du bas. Tirage du **Peintre-Graveur Illustré.**

———

VENTES : P. Lefort (1869), 7 et 13 fr.; E. Galichon (1875), 105 fr.; Ph. Burty (1876), 15 sh.; A. Lebrun
(1899), 16 fr.; C. Bermond (1912), épr. de Lebrun, 210 fr.

Le cuivre de l'**Aveugle assis, chantant,** appartient à M. Edmond Gosselin, qui a bien voulu le mettre
gracieusement à notre disposition, pour nous permettre d'orner le présent ouvrage d'une pièce originale
de Goya; nous l'en remercions ici bien vivement.

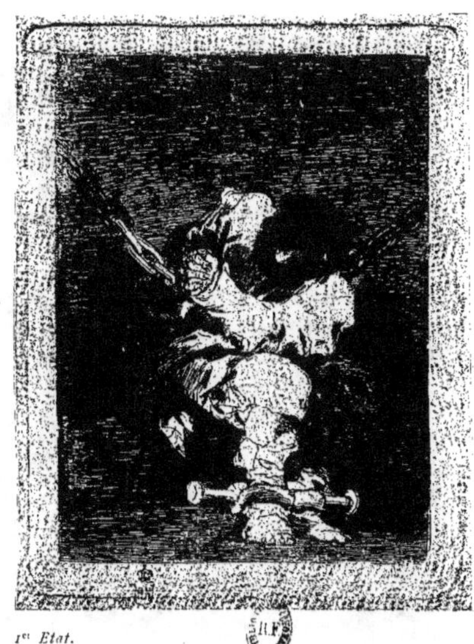

1ᵉʳ Etat.

1ᵉʳ Etat. Avant quelques travaux dans le fond, avant quelques tailles sur le vêtement contre le coude
gauche du prisonnier et avant une douzaine de tailles horizontales sur le pan de son habit,
qui se détache alors en blanc sur le fond. Bibliothèque Nationale, Madrid, avec la légende
manuscrite : Tan barbara la seguridad como el delito. Seule connue. L'Etat reproduit.

2ᵉ — Avant la lettre, mais avec les travaux désignés ci-dessus. Tirage postérieur. Cabinet des
Estampes, Paris.

3ᵉ — Avec la lettre : *Gazette des Beaux-Arts.* — *Imp. Delâtre. Paris.* Etat publié dans la **Gazette des
Beaux-Arts** (année 1867, p. 196).

VENTES : P. Lefort (1869), 7 fr. et 9 fr.; Em. Galichon (1875), 30 fr.; Anonyme (G. Eissler, Leipzig,
1921), environ 55 fr.

Le cuivre existe.

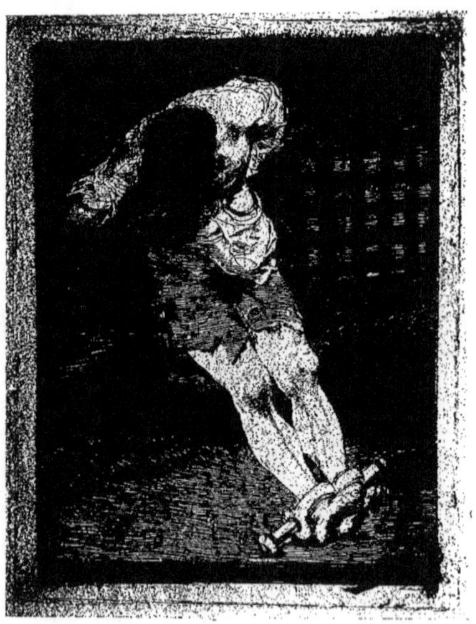

Bibliothèque Nationale, Madrid, épreuve de Céan Bermudez et V. Carderera, avec la légende *manuscrite* suivante : *La seguridad de un reo no exige tormento* (On peut s'assurer d'un prisonnier sans qu'il soit besoin de lui imposer des tortures). Cabinet des Estampes, Paris, Bibliothèque de l'Université, Paris, Cabinet des Estampes, Budapest, l'Albertina, Vienne, MM. S. Gerona, O. Gerstenberg.

VENTES : P. Lefort (1869), 12 fr.; Ph. Burty (1876), 1 £ 1 sh.; R. Marx (1914), avec le n° suivant, 420 fr. (G. Eissler Leipzig, 1921), environ 380 fr.

Le cuivre existe?

33. — LE PRISONNIER TORTURÉ, DE PROFIL

(H. 109 millim. L. 074)

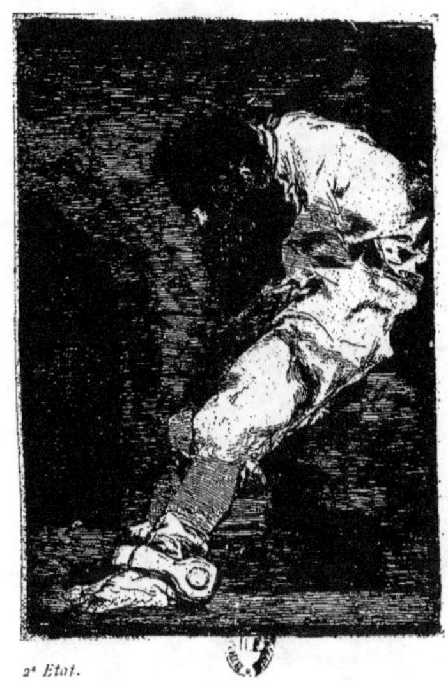

2ᵉ État.

1ᵉʳ Etat. Avant les travaux dans la partie ombrée du vêtement, sur les pieds du prisonnier et sur le terrain. Bibliothèque Nationale, Madrid (épreuve de Céan Bermudez et Carderera), avec la légende *manuscrite* suivante : *Si es deliquente que muera presto ?* (Que ne l'exécute-t-on tout de suite s'il est coupable ?)

2ᵉ — Avec les additions signalées ci-dessus. L'État reproduit. Cabinet des Estampes, Paris, Bibliothèque de l'Université, Paris, British Museum, Kupferstiche Kabinet, Berlin, Cabinet des Estampes, Budapest, l'Albertina, Vienne, MM. S. Gerona, O. Gerstenberg.

————————

VENTES : P. Lefort (1869), 6 fr.; Ph. Burty (1876), 1 £ 7 sh.; Roger Marx (1914), avec le nᵉ précédent, 420 fr.; Anonyme (G. Eissler, Leipzig, 1921), 9.500 marks (env. 500 fr.).

————————

Le cuivre existe ?

34. — LA PRISONNIÈRE

(H. 185 millim. L. 125)

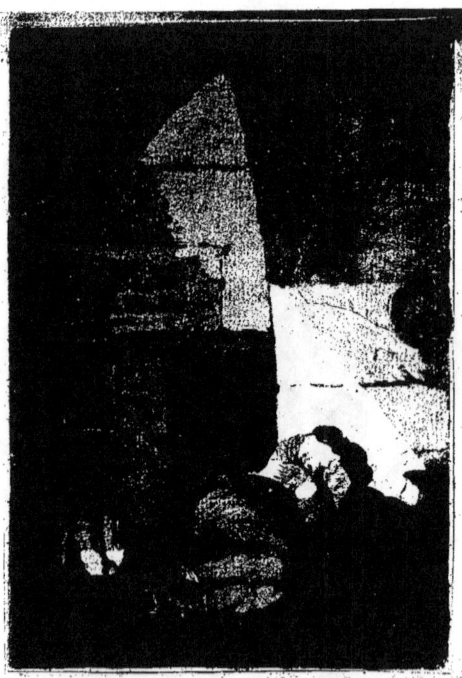

Aqua-tinte.

Bibliothèque Nationale, Madrid. Seul exemplaire connu.

———

Cette pièce citée par J. Hofmann, mais restée inconnue à P. Lefort, et regardée à tort, selon A. de Beruete, comme planche inédite des *Caprices*, a été reproduite dans Goya's Seltene Radierungen... de *V. von Loga*, puis dans le Goya grabador, de *A. de Beruete.*

———

Cuivre détruit.

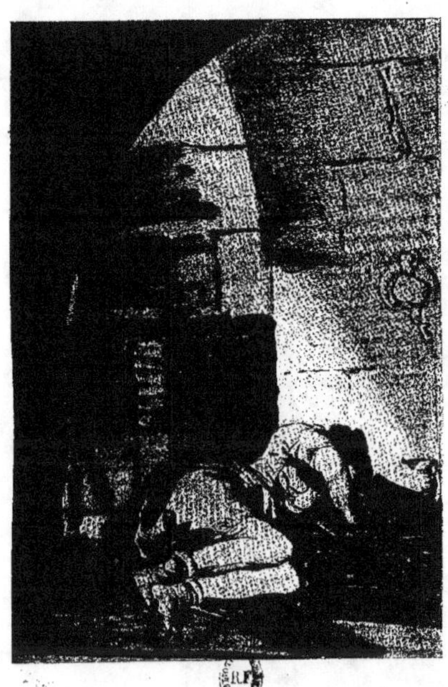

Le **Musée du Prado** possède le dessin préparatoire à l'encre de Chine pour cette planche ; nous en donnons ci-dessus un fac-similé réduit.

35. — LE COLOSSE

(H. 287 millim. L. 208)

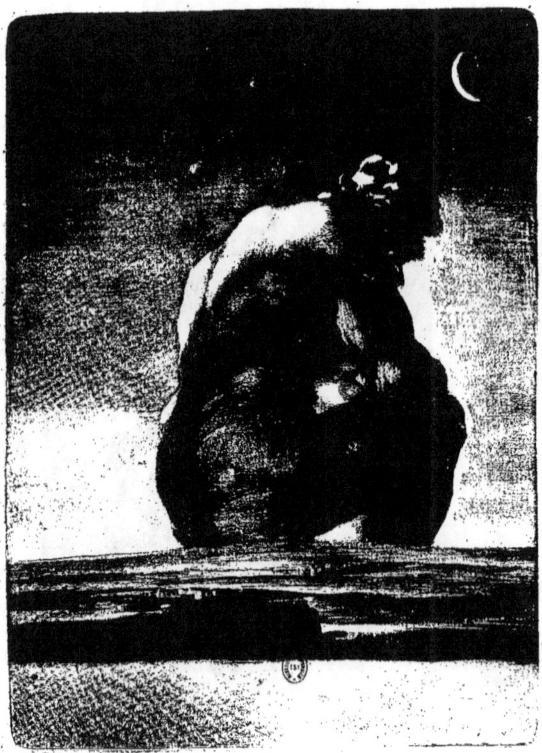

Bibliothèque Nationale, Madrid (épr. de Carderera), Cabinet des Estampes, Paris (épr. de P. Lefort),
Kupferstiche Kabinet, Berlin (épr. de C. Ferriz).

———

Cette rarissime estampe est reproduite dans Goya's Seltene Radierungen…. de *V. von Loga*, puis dans
le Goya grabador, de *A. de Beruete.*

———

Au verso de l'exemplaire conservé au Cabinet des Estampes, de Paris, on lit l'inscription manuscrite suivante : *Por Goya, despues de tiradas 3 preubas se rompió la lamina*. (De Goya, le cuivre s'est brisé après le tirage de la 3ᵉ épreuve). Ce sont celles que nous signalons ci-avant.

L'exemplaire du **COLOSSE**, de la Bibliothèque Nationale, provient de la vente Paul Lefort (1869) où il fut adjugé 38 francs; celui du Cabinet des Estampes de Berlin, qui appartenait au peintre Cristobal Ferriz, a été payé 2.000 marks en 1906.

D. V. Carderera dans la *Gazette des Beaux-Arts* (n° de sept. 1863) qualifie le **Colosse** ou **Prométhée** « de véritable tour de force, autant par la fécondité de l'imagination que par l'audace du procédé : Goya commença par noircir son cuivre avec l'acide nitrique; puis, une fois attaqué, il fit, plan par plan, sortir le dessin qu'il méditait en retirant les lumières, puis les demi-teintes. »

Le **Colosse** de Goya a servi de motif à une affiche, apposée sur les murs de Nuremberg, vers 1910, pour servir de réclame à un produit Simson.

A. de Beruete ne croit pas qu'il faille voir dans cette imposante et singulière figure du **Colosse** ni l'Humanité, encore moins Napoléon que Prométhée.

Cuivre détruit.

36. — ÉCUSSON DE L'ORDRE MILITAIRE DE CALATRAVA
(OU D'ALCANTARA)

(L. 060 millim. H. 045)

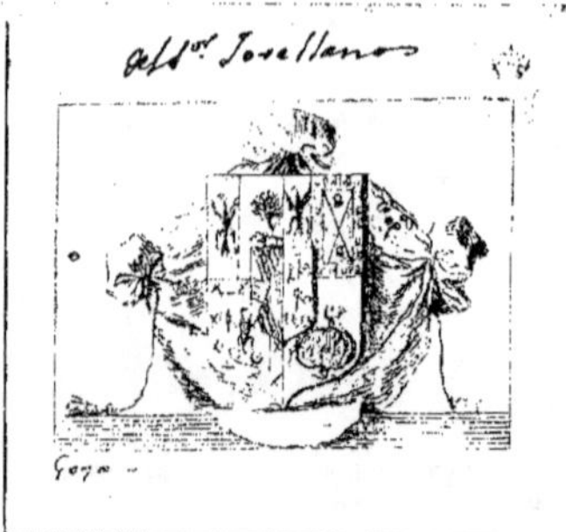

Bibliothèque Nationale, Madrid. Seul exemplaire connu.

(L. 192 millim. H. 152)

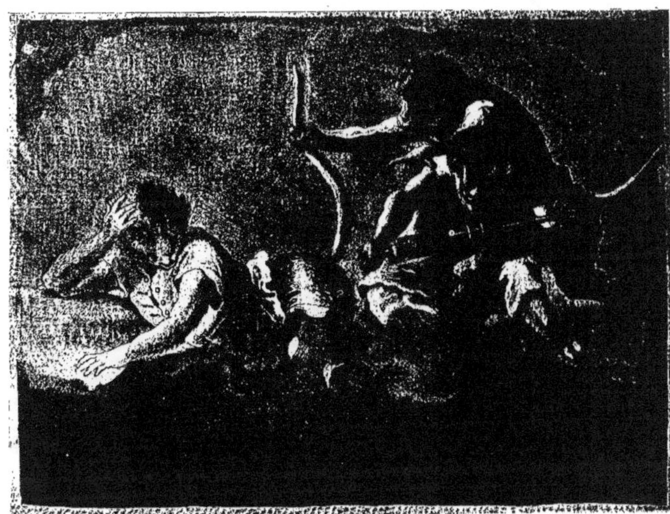

(Vers 1795).

Aqua-tinte.

British Museum. Seule épreuve connue jusqu'à ce jour.

———

M. Campbell Dodgson, conservateur du Print Room (British Museum), nous écrivait, à la date du 9 août 1920, à propos de cette pièce : ... *je vous signalerai ... une pièce unique qui manque dans tous les catalogues et que j'ai trouvée ici, il y a plusieurs années, oubliée dans une collection de « pièces libres » dont je l'ai retirée pour l'ajouter à l'œuvre de Goya.....* Je l'ai publiée dans : **Archiv für Kunstgeschicht** (E. A. Seeman, Leipzig, 1913), avec un commentaire.

LES CAPRICES

SUITE DE QUATRE-VINGTS PIÈCES

(N^{os} **38** à **117**)

Il existe, à notre connaissance, neuf tirages au moins de la célèbre série des **Caprices** de Goya; l'on sait que 72 des planches de cette suite de 80 pièces, gravées entre les années 1793 et 1798, virent le jour en 1796 et 1797 au prix de 288 reaulx; c'est assurément à cette première tentative de tirage restreint qu'appartiennent les fort rares épreuves contenant, pour un petit nombre de pièces seulement d'ailleurs, des fautes dans les légendes ou inscriptions, alors que quelques autres planches se font reconnaître par des accents, des points d'interrogation ou d'exclamation oubliés et rétablis dans la suite; fautes ou omissions qui n'ont été signalées jusqu'à ce jour par aucun des historiographes de Goya[1], de Lefort à A. de Beruete, et que nous avons constatées sur un exemplaire exceptionnel appartenant à M. Marcel Guérin. Puis, la série complétée fut publiée *ouvertement*, une première fois en 1799, et non en 1803 comme l'ont établi Lefort et Hofmann, ainsi qu'il en appert d'une annonce parue dans le **Diario** (Journal), de Madrid, n° du mercredi 6 février 1799, annonce dont nous donnons ci-après, à la fois, le *fac-simile* et une traduction aussi exacte que possible[2]. A. de Beruete pense que si la rédaction de cette annonce n'est pas due à Goya lui-même, il en fut tout au moins l'inspirateur, et qu'on peut l'attribuer en tous cas avec quelque vraisemblance à son ami Céan Bermudez :

Collection d'estampes à sujets de caprices, inventés et gravés à l'eau-forte, par Don Francisco Goya. L'auteur, persuadé que la critique des erreurs et vices humains (quoique cela semble relever de l'éloquence et de la poésie) peut être aussi l'objet de la peinture, a choisi comme sujets propres pour son œuvre, entre les multiples extravagances et erreurs qui sont communes dans toute société civile, et entre les préoccupations et embûches vulgaires, autorisées par l'habitude, l'ignorance ou l'intérêt, ceux qu'il a cru aptes à fournir matière au ridicule, et exercer en même temps la fantaisie de l'artifice.

Comme la majeure partie des objets qui sont représentés dans cette œuvre sont du domaine de l'idéal, il ne serait pas téméraire de croire que ses défauts trouveront, peut-être, maintes excuses parmi les intelligents : considérant que l'auteur n'a pas suivi l'exemple de quiconque, ni pu copier non plus la nature. Et si imiter celle-ci est si difficile, combien admirable quand on y parvient; celui qui se sera séparé entièrement d'elle, aura certes mérité quelque estime, d'avoir tenté d'exposer à la vue, des formes et attitudes qui ont seulement existé jusqu'à présent dans l'imagination humaine, obscurcie et confuse par le manque de culture ou altérée par le déchaînement des passions.

Ce serait supposer trop d'ignorance dans les beaux-arts d'avertir le public que, dans aucune des compositions qui forment cette collection, l'auteur ne s'est proposé que de ridiculiser les défauts particuliers aux uns et aux autres; que ce serait en vérité, trop restreindre les limites du talent et diminuer les moyens dont se servent les arts d'imitation pour produire des œuvres parfaites.

La peinture (comme la poésie) choisit dans l'universel ce qu'elle juge plus propre à ses fins; réunit en un seul personnage fantastique, circonstances et caractères que la nature présente répartit en plusieurs, et de cette combinaison, ingénieusement disposée, il résulte une heureuse imitation, par laquelle elle acquiert par un bon artifice le titre d'inventeur et non de copiste servile.

Se vend en la rue des Désenchantements, au magasin de parfums et liqueurs, payant pour cette collection de 80 estampes 320 reaulx.

[1] Sauf cependant pour les planches 3 et 4 dont les différences sont mentionnées dans le *Kunst und Kunsthandwerk* (1907), sous la signature de Friedrich Dörnhöffer.

[2] Nous devons à l'obligeance de M. José Lazaro, de Madrid, de pouvoir donner le fac-simile de ce numéro du *Diario de Madrid*.

DIARIO DE MADRID

DEL MIERCOLES 6 DE FEBRERO DE 1799.

Santa Dorotea Virgen. = *Q. H. en la Iglesia de San Felipe Neri.*

Observacio. meteorolog. de ayer.				Afecciones astronomicas de hoy.
Epocas.	Termom.	Barometro.	Atmosfera.	El 30 de la Luna. Sale el sol á las 7 y 59 m.
7 de la m.	3 s. o.	25 p. $\frac{1}{2}$8 l.	O. y Nub.	de la m. y se poneá las
12 del d.	3$\frac{1}{2}$ s. o.	25 p. 8$\frac{1}{2}$ l.	O. y Nub.	5 y un m. de la tarde.
5 de la t.	3 s. o.	25 p. 8$\frac{1}{2}$ l.	O. y Nub.	

Coleccion de estampas de asuntos caprichosos, inventadas y grabadas al agua fuerte, por Don Francisco Goya. Persuadido el autor de que la censura de los errores y vicios humanos. (aunque parece peculiar de la eloqüencia y la poesia) puede tambien ser objeto de la pintura: ha escogido como asuntos proporcionados para su obra, entre la multitud de extravagancias y desaciertos que son comunes en toda sociedad civil, y entre las preocupaciones y embustes vulgares, autorizados por la costumbre, la ignorancia ó el interés, aquellos que ha creido mas aptos á subministrar materia para el ridiculo, y exercitar al mismo tiempo la fantasia del artifice.

Como la mayor parte de los objetos que en esta obra se representan son ideales, no será temeridad creer que sus defectos hallarán, tal vez, mucha disculpa entre los inteligentes: considerando que el autor, ni ha seguido los exemplos de otro, ni ha podido copiar tan poco de la naturaleza. Y si el imitarla es tan dificil, como admirable quando se logra; no dexará de merecer alguna estimacion el que apartandose enteramente de ella, ha tenido que exponer á los ojos formas y actitudes que solo han existido hasta ahora en la mente humana, obscurecida y confusa por la falta de ilustracion ó acalorada con el desenfreno de las pasiones.

Seria suponer demasiada ignorancia en las bellas artes el advertir al público, que en ninguna de las composiciones que forman esta coleccion se ha propuesto el autor, para ridiculizar los defectos particulares á uno ú otro individuo: que sería en verdad, estrechar demasiado los limites al talento y equivocar los medios de que se valen las artes de imitacion para producir obras perfectas.

150

La pintura (como la poesia) escoge en lo universal lo que juzga mas á proposito para sus fines: reune en un solo personage fantastico, circunstancias y caracteres que la naturaleza presenta repartidos en muchos, y de esta convinacion, ingeniosamente dispuesta, resulta aquella feliz imitacion, por la qual adquiere un buen artifice el titulo de inventor y no de copiante servil.

Se vende en la calle del Desengaño n. r tienda de perfumes y licores, pagando por cada coleccion de á 80 estampas 320 rs. vn.

La seconde édition (première de Lefort et d'Hofmann) parut peu après, en 1803 ; elle vaut, comme intérêt, l'édition annoncée en 1799 dans le **Diario**, et avec laquelle on la confond : les deux éditions sont similaires quant à la beauté des épreuves et le soin apporté au tirage d'un ton légèrement rougeâtre et chaud, exécuté sous les yeux du maître, sur beau papier à vergeures et pontuseaux, sans filigrane. Les planches sont alors dans toute leur beauté et dans tout leur éclat.

Craignant les rigueurs possibles de l'autorité, en raison des allusions plus ou moins transparentes de ses œuvres, qui visaient, comme dans les **Caprices** notamment, à la fois le pouvoir, la noblesse et le clergé, Goya se payant d'audace, offrit la propriété des 80 cuivres au roi Charles IV, par l'entremise du ministre Miguel Cajetano Solar, et avec l'appui de D. Manuel Godoy qui, bien que souvent pris à partie dans ces **Caprices**, vint cependant en aide à l'artiste dans cette circonstance délicate. Nous donnons, ci-après, la traduction d'une lettre (en langue espagnole) adressée à cet effet par Goya, à la date du 7 juillet 1803, et transcrite par A. de Beruete, dans son **Goya grabador** :

Excmo Sr L'œuvre de mes caprices se compose de 80 dessins gravés à l'eau-forte de ma main.

Il ne s'est vendu au public que deux jours à une once d'or chaque livre ; Il fut expédié 27 livres. Les planches peuvent tirer 5 à 6.000 livres.

Ce sont les étrangers qui les désirent le plus, et de crainte qu'ils ne retombent entre leurs mains après ma mort je désire en faire cadeau au Roi mon Seigneur pour sa chalcographie.

Je ne demande à S. M. qu'une récompense à mon fils Francisco Javier de Goya pour qu'il puisse voyager ; car il en a le goût et les dispositions pour en profiter. Si V. E. trouve bon de présenter cela à S. M. je lui serai extrêmement reconnaissant.

Dieu garde à V. E. beaucoup d'années. Madrid 7 de juillet 1803.

Excmo Sr.

Je baise les mains de V. E. votre serviteur dévoué.

Francisco de Goya.

Une pension de douze mille réaux accordée au fils du maître fut le prix de cette cession, qui comportait, outre les 80 cuivres, 240 exemplaires précédemment tirés.

Une troisième édition (2ᵉ de Lefort et d'Hofmann) des **Caprices** fut faite, peu de temps après, en 1806-1807, sous la direction du graveur au burin, Rafaël Estève (1), pour le compte alors de la Chalcographie Royale ; les épreuves de cette nouvelle édition, encore très belles, bien que moins brillantes, sont tirées à l'encre noire, sur papier vergé assez semblable à celui des éditions précédentes. Les cuivres ne sont pas encore biseautés.

Il nous a été montré des épreuves tirées sur papier épais à gros grain comme appartenant à une édition de 1820 environ ; des renseignements contradictoires nous ont fait examiner avec un soin particulier ces épreuves, qui appartiennent bien à un tirage antérieur à celui de 1856, ces épreuves étant tirées sur les cuivres non encore biseautés, alors que ceux-ci le sont à dater de l'édition de 1856.

En 1856, il fut procédé à un cinquième tirage des **Caprices**, sur vélin ; les cuivres, alors *biseautés*, sont un peu fatigués et petit à petit, dans les éditions qui suivent, une partie des valeurs déterminées par l'aqua-tinte disparaît. Une sixième édition fut ensuite publiée avec ce titre :

CAPRICHOS DE GOYA

COLECCION DE OCHENTA ESTAMPAS
GRABADAS AL AGUA FUERTE CON AGUADAS DE RESINA
POR EL MISMO

MADRID

CALCOGRAFIA NACIONAL
ESTABLECIDA EN LA CASA DE LA REAL ACADEMIA DE SAN FERNANDO
Calle de Alcalá, num 11, entre suelo, derecha.

1868

Signalons ensuite la septième édition — vers 1875-1880 — et la huitième (année 1892). Enfin un neuvième tirage a été assez récemment effectué (1919), par les soins de M. Sanchez Gerona, Directeur de la Chalcographie de Madrid, sur papier imitant le vergé ancien, et offrant en *filigrane* la tête de Goya *coiffé d'une casquette*.

(1) Goya a peint un portrait de ce graveur, conservé au Musée de Valence.

Nous avons pris soin d'indiquer, à plusieurs planches des **Caprices**, les notes de Lefort faisant allusion à certains personnages historiques ; nous devons ajouter que A. de Beruete ne croit à aucune allusion personnelle dans ces planches, mais au contraire à une satire sur les diverses classes de la société, et que ces œuvres seront d'autant plus d'une éternelle actualité que leur conception est d'ordre général et humain, et non pas de tendances individualistes.

Enfin, nous avons cru nécessaire de donner une place dans notre catalogue, en dehors des *planches* de Goya, à la reproduction d'une petite partie des *dessins* conçus en vue des **Caprices** et qui sont conservés au **Musée du Prado**.

A. de Beruete fait mention dans son **Goya grabador**, page 35, d'une falsification de la 1re édition des 72 planches des **Caprices**, précédée de ce titre : « Caprichos Inventados y Grabados al agua fuerte por Francisco Goya y Lucientes 72 agua fuertes. Publicala la Real Academia de Noble Artes de San Fernando. Madrid 1799. »

Des exemplaires de 1er et 2e tirages des Caprices sont conservés au Cabinet des Estampes, de Paris, à la Bibliothèque de l'Université (Paris), à la Bibliothèque Nationale de Madrid, à la Kunsthalle de Bréme, à la Bibliothèque publique de New-York, à l'Albertina, ex-Bibliothèque Impériale de Vienne (exemplaire renfermant quelques *états*), etc., puis dans les collections de MM. Henri Beraldi, G. Charbonneaux, S. Gerona (exemplaire accompagné de notes et précédé d'une notice), Marcel Guérin (exemplaire *exceptionnel* avant les corrections dans les légendes, provenant de la C^{sse} del Campo de Alage), Maurice Peroire (exemplaire dans un cartonnage de l'époque, avec les planches coloriées ou plutôt *enluminées*, et auquel est joint une *notice manuscrite* de légendes explicatives *avec variantes*), Oskar Reinhart ; du 3e tirage, chez M. Fix-Masseau.

Des exemplaires du tirage de 1856 nous ont été signalés à la Kunsthalle de Hambourg, à la Bibliothèque publique de New-York.

On trouve des exemplaires de l'édition de 1868 au Victoria and Albert Museum, Londres, au Musée des Beaux-Arts, Copenhague.

VENTES : His de la Salle (1856), 1er tirage, 141 fr. ; Alph. Hirsch (Londres, 1875), 1er tirage, £ 13-15 sh. ; E. Lessorre (1889), 1er tirage, 400 fr. ; H. Destailleur (1895), 1er tirage, 2 dessins ajoutés, 440 fr. ; Mohrmann (1907), 2e tirage, 1.137 fr. ; Anonyme, 21 février 1911, 1er tirage, 1.305 fr. ; Roger Marx (1914), 4e tirage (1868), 230 fr. ; L. L., 1919 (Leroy-Latteux), 1er tirage, 2.305 fr. ; H. G. (oct. 1919), avec un dessin *attribué* ajouté, 2.150 fr. ; Alf. Beurdeley (1920), 1er tirage, 6.100 fr. ; Anonyme (G. Eissler, Leipzig, 1921), 1er tirage, environ 7.800 fr.

---

38. — GOYA, PAR LUI-MÊME

(H. 137 millim. L. 113)

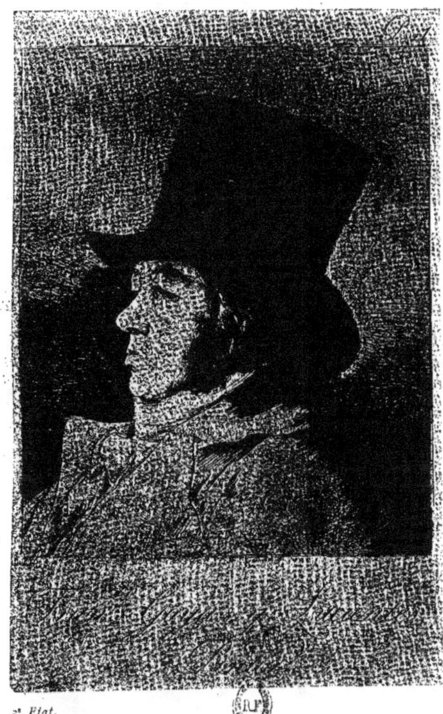

3ᵉ État.

Planche 1 des Caprices.

1ᵉʳ Etat. Avant la lettre et avant : *P. 1.* De toute rareté. Bibliothèque Nationale, Madrid. État reproduit
en frontispice.

2ᵉ   —   Avec la lettre. On lit dans la marge du bas : *Franc⁰ Goya y Lucientes Pintor*, et en H. à D. :
P. 1, mais *avant* la virgule après le mot : *Lucientes*, et avant l'allongement de la lettre *r*
finale. Fort rare. Collection de M. Marcel Guérin.

3ᵉ État.   Avec une virgule à la suite du mot : *Lucientes*, et la lettre *r* finale de l'inscription est allongée. Le cuivre n'est pas biseauté. **L'État reproduit.**

4ᵉ   —   Avec un fort biseau. (Tirages postérieurs, à dater de 1856). Le cuivre présente de fortes usures dans les dernières éditions. Avec des retouches très postérieures sur les bords de la coiffure.

———

VENTE : Anonyme, 20 février 1906, 3ᵉ état, 70 fr.; Anonyme, 28 octobre 1922 (3ᵉ tirage), 155 fr.

———

Il est fait mention, dans le Lefort comme dans le Beruete, d'un état de Goya par lui-même, avec : *P. 1*, effacé. Cet état n'existe pas, à proprement parler. Les épreuves les plus récentes de cette planche, tirées par la Chalcographie de Madrid, portent en effet toujours l'indication en H. à D. : *P. 1*. Nous supposons donc qu'il s'agit, quand les exemplaires ne portent pas de nᵒ, d'épreuves pour lesquelles le nᵉ *n'a pas été encré*, afin de permettre de les vendre indépendamment de la série, comme *portrait* de Goya.

———

Le portrait de **Goya** par lui-même a été copié par M. Segui. On lit sous le T. C. à G. : *GOYA INVEN.*, à D. : *M. SEGUI G¹*, puis en marge : *FRANCISCO GOYA Y LUCIENTES. Pintor de Camara.*

Cette copie fait partie du recueil suivant publié d'abord à Barcelone en 1887, puis à Paris en 1888, par Boussod et Valadon : *LES EAUX-FORTES DE FRANCISCO GOYA. LES CAPRICHOS GRAVURES FAC-SIMILE DE M. SEGUI Y RIERA — NOTICE BIOGRAPHIQUE ET ÉTUDE CRITIQUE ACCOMPAGNÉES DE PIÈCES JUSTIFICATIVES PAR ANTOINE DE NAIT.*

Les copies de Segui portent les légendes en majuscules blanches.

———

Le cuivre existe (Chalcographie de Madrid).

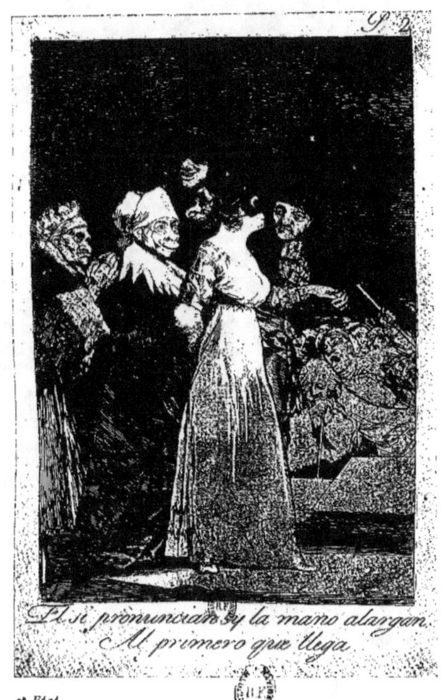

2ᵉ Etat.

Planche 2 des **Caprices**.

1ᵉʳ Etat. Avant la lettre et avant le nº. De toute rareté.

2ᵉ — Avec la lettre et le nº 2, mais avant que le cuivre n'ait été biseauté. L'État reproduit.

3ᵉ — Le cuivre est biseauté, le ton d'aqua-tinte sur la robe de la jeune femme est affaibli.
(Tirages postérieurs, à dater de 1856).

« Exemple de la facilité avec laquelle certaines femmes se laissent épouser dans l'espérance de trou-
« ver une plus grande liberté dans l'état de mariage. » (Manuscrit de Goya.)

Le cuivre existe (Chalcographie de Madrid).

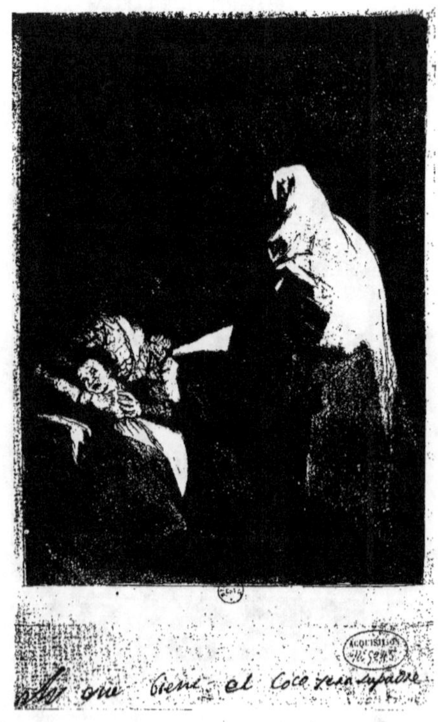

1er État.

Planche 3 des Caprices.

1er Etat. Avant la lettre et avant : P. 3. De toute rareté. **L'État reproduit.** Bibliothèque Nationale, Madrid, Cabinet des Estampes, Paris, British Museum (épr. de Burty).

2e — Avec la lettre. On lit : *Que biene el coco*, et : *P. 3*. Fort rare. L'Albertina, Vienne, M. Marcel Guérin.

3e — Avec la correction dans la légende. On lit : *riene* au lieu de *biene*. Sans autre différence.

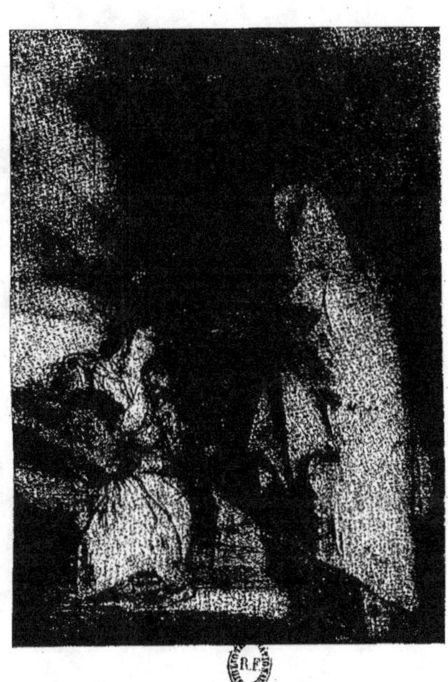

VENTE : Ph. Burty (Londres, 1876), 1ᵉʳ état, 18 sh.

Cette pièce, dont le dessin préparatoire à la sanguine, reproduit ci-dessus, est conservé au **Musée du Prado**, a été copiée en 1819 par Eugène Delacroix (voir le t. III du **Peintre-Graveur Illustré**).

« Funeste abus de la première éducation d'avoir fait qu'un enfant ait plus peur de Croquemitaine « que de son propre père et de l'amener à craindre ce qui n'existe pas. » **(Manuscrit de Goya.)**

Le cuivre existe (Chalcographie de Madrid.)

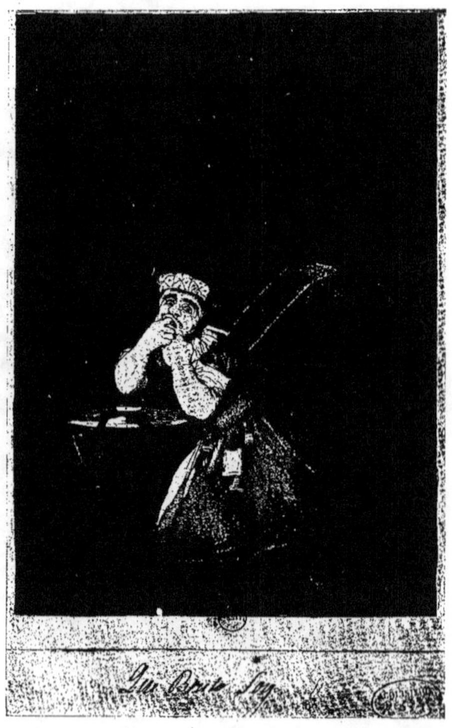

1er Etat.

Planche 4 des **Caprices.**

1er Etat.   Avant la lettre et avant le n°. De toute rareté. Cabinet des Estampes, Paris, *avec* une légende *manuscrite* différente. **L'État reproduit.**

2e   —   Avec la lettre : *El de la royona* (sic) et le n° 4. Fort rare. L'Albertina, Vienne, M. Marcel Guérin.

3e   —   Le mot : *royona* est corrigé et se lit : *rollona.* Le cuivre n'est pas biseauté.

4e   —   Avec les biseaux du cuivre. (Tirages postérieurs, à dater de 1856.)

« Au demeurant, cette planche laisse assez clairement transparaître que Goya y avait en vue la « royauté qui, sous Charles IV, ne savait guère se passer de lisières. » (P. Lefort, **Goya.**)

Le dessin préparatoire à la sanguine pour cette planche est conservé au **Musée du Prado.**

Le cuivre existe (Chalcographie de Madrid).

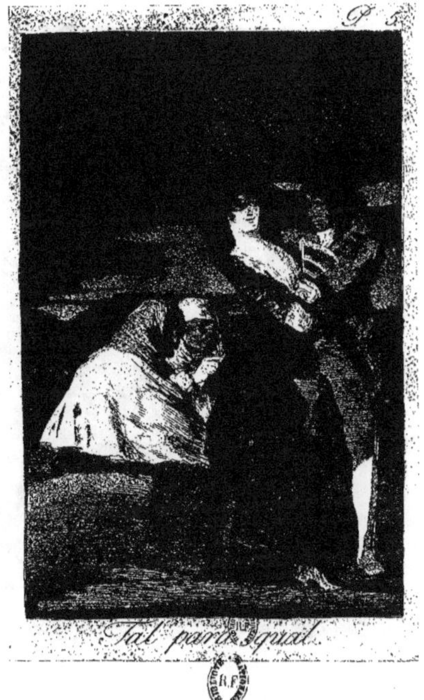

Planche 5 des **Caprices.**

1ᵉʳ Etat. Avant la lettre et avant le n°. De toute rareté.

2ᵉ — Avec la lettre et le n° 5, mais avant que le cuivre n'ait été biseauté.

3ᵉ — Le cuivre est biseauté sur les bords latéraux. (Tirages postérieurs, à dater de 1856.)

« La reine Marie-Louise et le prince de la Paix, alors simple garde royal, se rencontrant à un « rendez-vous habituel, au temps où les lavandières de Manzanarès, qui les voyaient, se moquaient d'eux », telle est l'explication du second manuscrit attribué à Goya. (*P. Lefort.*)

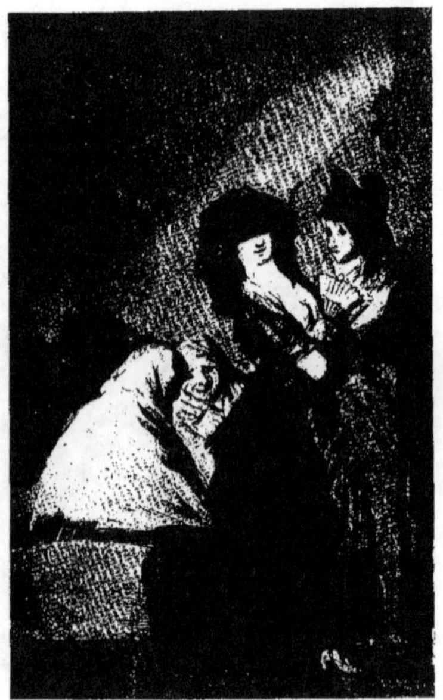

Cette pièce, dont le dessin préparatoire à l'encre de Chine, que nous reproduisons, est conservé au Musée du Prado, a été reproduite dans : *Les Grands Peintres-Graveurs depuis Rembrandt jusqu'à Whistler*, *Studio* (hiver 1913-1914).

« On a bien souvent mis en discussion si les hommes valaient moins que les femmes, et réciproque-
« ment. Les vices des uns et des autres proviennent de la mauvaise éducation : là où les hommes sont
« pervers, les femmes seront perverses. » (Manuscrit de Goya.)

Le cuivre existe (Chalcographie de Madrid).

43. — NADIE SE CONOCE (PERSONNE NE SE CONNAIT)

(H. 190 millim. L. 121)

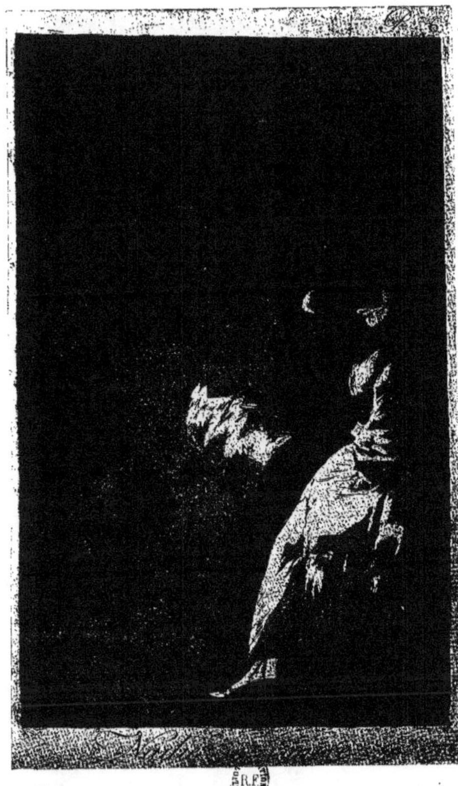

1ᵉʳ État.

Planche 6 des **Caprices.**

1ᵉʳ **État.** **Celui reproduit.** Le cuivre n'est pas biseauté.

2ᵉ — Les *clairs* de la robe de la femme masquée sont légèrement teintés d'aqua-tinte et le cuivre est biseauté. (Tirages postérieurs, à dater de 1856.)

Le dessin préparatoire à la sanguine pour cette planche est conservé au **Musée du Prado.**

Le cuivre existe (Chalcographie de Madrid).

44. — NI ASI LA DISTINGUE
(MÊME EN LA REGARDANT AINSI IL NE LA DISTINGUE PAS)

(H. 178 millim. L. 114)

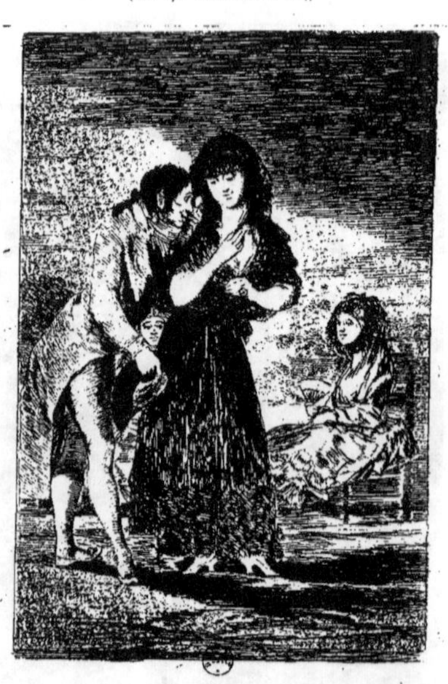

1er Etat.

Planche 7 des **Caprices**.

1er Etat.   Avant la lettre et avant le nº. De toute rareté. L'Etat reproduit. Cabinet des Estampes, Paris, épreuve avec une légende *manuscrite* différente.

2e   —   Avec la lettre : *Ni asi la distingue*, et avec le nº 7, mais avant les biseaux.

3e   —   Le cuivre est biseauté. (Tirages postérieurs, à dater de 1856.)

Le **Musée** du **Prado** possède deux dessins préparatoires pour cette planche ; la composition, dans l'une d'elles, comporte dans le fond plusieurs personnages ne figurant plus dans l'œuvre gravée (reproduit dans le **Goya**, de V. von Loga).

Le cuivre existe (Chalcographie de Madrid).

(H. 186 millim. L. 147)

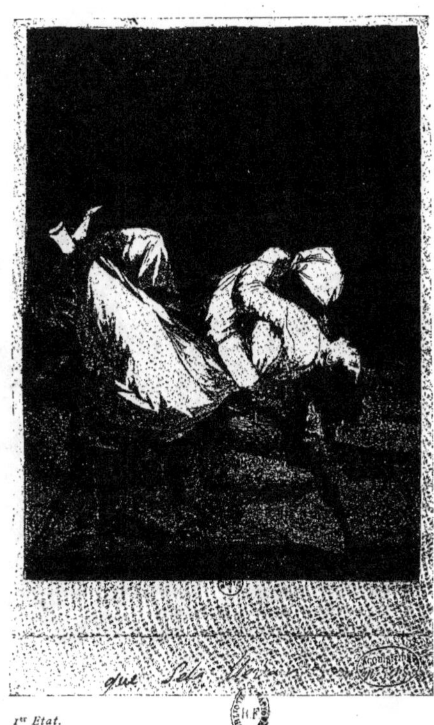

1ᵉʳ Etat.

Planche 8 des Caprices.

1ᵉʳ Etat. Avant la lettre et avant le n°. De toute rareté. L'État reproduit. Cabinet des Estampes, Paris.

2ᵉ — Avec la lettre : *Que se la llevaron*, et le nº 8, mais *avant* le point d'exclamation à la suite de la légende. Fort rare. Collection de M. Marcel Guérin.

3ᵉ — Avec un point d'exclamation, à la suite du mot : *llevaron !* mais avant les biseaux.

4ᵉ — Le cuivre est biseauté. (Tirages postérieurs, à dater de 1856.)

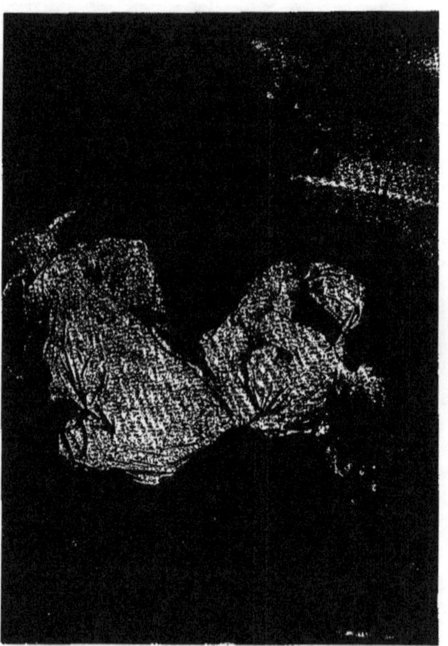

Il existe un dessin préparatoire à la sanguine pour cette planche conservé au **Musée du Prado**; nous en donnons ci-dessus un fac-similé légèrement réduit.

« La femme qui ne sait pas se garder soi-même est au premier qui l'attaque, et c'est seulement alors « qu'il n'est plus temps de l'empêcher que l'on s'étonne *qu'ils l'aient enlevée.* » (Manuscrit de **Goya**.)

Le cuivre existe (Chalcographie de Madrid).

46. — TANTALO (TANTALE)

(H. 184 millim. L. 127)

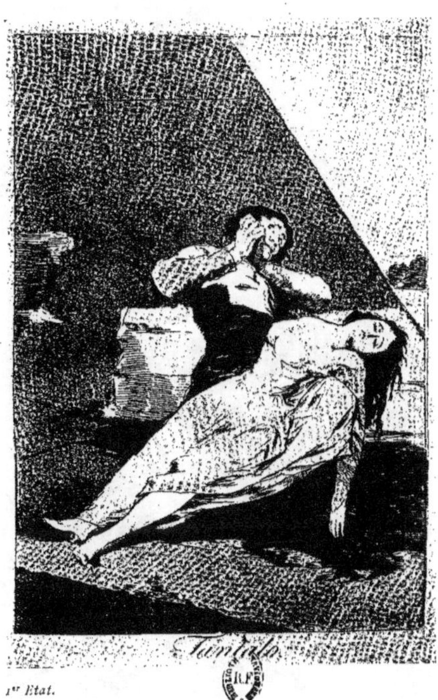

1ᵉʳ Etat.

Planche 9 des **Caprices.**

1ᵉʳ Etat. Avant que le cuivre n'ait été biseauté. Les tons d'aqua-tinte sont très apparents. **L'Etat** reproduit.

2ᵉ — Le cuivre est biseauté, les tons d'aqua-tinte sont très affaiblis. (Tirages postérieurs, à dater de 1856.)

« S'il était plus galant et un peu moins ennuyeux... elle se ranimerait. » (**Manuscrit de Goya.**)

Il existe un dessin préparatoire à la sanguine pour cette planche conservé au **Musée du Prado.**

Le cuivre existe (Chalcographie de Madrid).

47. — EL AMOR Y LA MUERTE (L'AMOUR ET LA MORT)

(H. 189 millim. L. 134)

3ᵉ État.

Planche 10 des Caprices.

1ᵉʳ État.   Avant la lettre et avant le nᵒ. De toute rareté. Cabinet des Estampes, Paris (avec la légende *manuscrite*).

2ᵉ   —   Avec la lettre et avec le nᵒ 10, mais avec un manque dans l'aqua-tinte à l'angle inférieur gauche. Fort rare.

3ᵉ   —   Le manque d'aqua-tinte qui formait une partie plus claire dans l'angle inférieur gauche a été raccordé ; mais avant les biseaux. L'État reproduit.

4ᵉ   —   Le cuivre est biseauté. (Tirages postérieurs, à dater de 1856.)

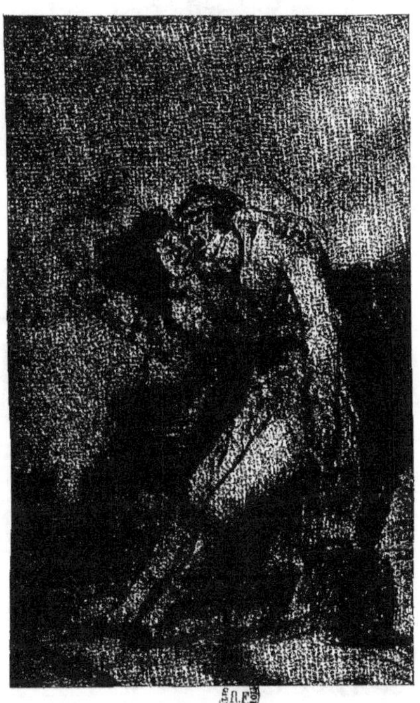

Il existe une copie lithographique anonyme de cette pièce, publiée en cahier, par Ch. Motte, avec 9 autres pl., sous le titre : **Caricatures espagnoles**, par *(sic)* Goya, à Paris.

Le **Musée** du **Prado** conserve deux dessins préparatoires à la sanguine pour cette planche; nous donnons de l'un d'eux un fac-simile réduit.

« Voici un amant à la manière de ceux de Calderon qui, pour n'avoir pas su se moquer d'un rival, « meurt dans les bras de son amante et la perd par trop de témérité. C'est qu'aussi il n'est pas bon de « tirer l'épée trop souvent... » (**Manuscrit de Goya.**)

Le cuivre existe (Chalcographie de Madrid).

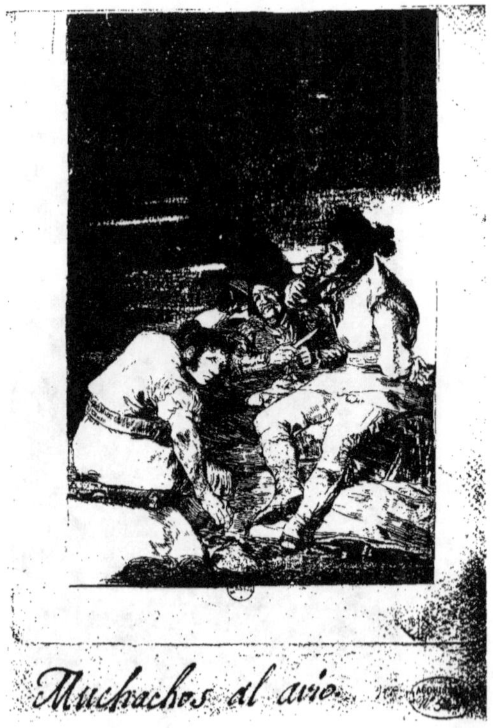

1er État.

Planche 11 des **Caprices.**

1er État. Avant la lettre et avant le n°. De toute rareté. **L'État reproduit.** Cabinet des Estampes, Paris (épr. avec la légende *manuscrite*).

2e   —   Avec la lettre : *Muchachos al avio*, et le n° 11, mais avec un point sur l'*i* du mot *avio*, au lieu d'un accent. Fort rare. Collection de M. Marcel Guérin.

3e   —   Avec un accent aigu (') sur l'*i* du mot *avio*, mais avant les biseaux.

4e   —   Le cuivre est biseauté. (Tirages postérieurs, à dater de 1856.)

Le point d'exclamation cité par P. Lefort, à la suite du mot *avio*, n'existe pas.

Il existe un dessin préparatoire à la plume pour cette planche conservé au **Musée du Prado.**

Le cuivre existe (Chalcographie de Madrid).

49. — A CAZA DE DIENTES (A LA CHASSE AUX DENTS)

(H. 181 millim. L. 119)

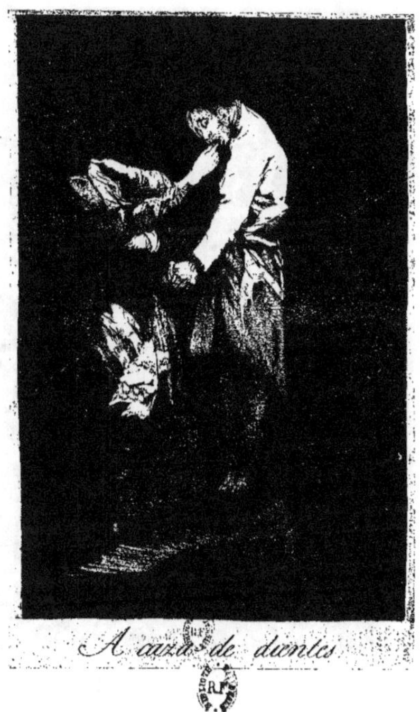

Planche 12 des Caprices.

1er État. Avant la lettre et avant le n°. De toute rareté. Cabinet des Estampes, Paris (épr. avec la légende
manuscrite suivante : *A caza de Muelaes*).

2e — Avec la lettre et avec le n° 12, mais avant les biseaux.

3e — Le cuivre est biseauté. (Tirages postérieurs, à dater de 1856)

« ... Les dents de pendu sont très-efficaces pour jeter des sorts ; sans cet ingrédient on ne ferait
« rien qui vaille. N'est-ce pas pitié que le vulgaire croit à de telles sottises ? » (Manuscrit de Goya.)

Il existe un dessin préparatoire à la sanguine pour cette planche conservé au **Musée du Prado**.

Le cuivre existe (Chalcographie de Madrid).

(H. 186 millim. L. 120)

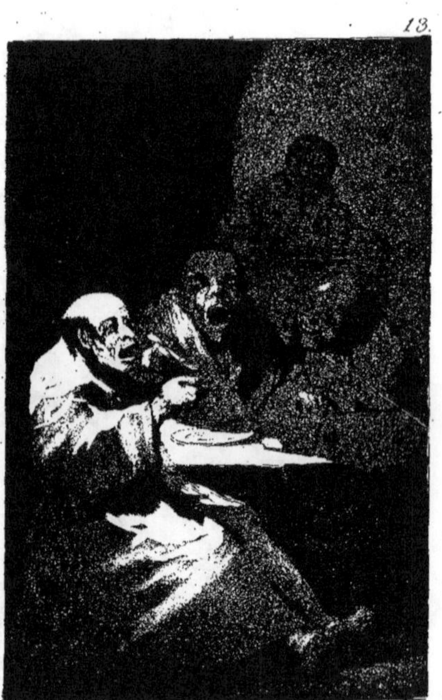

Planche 13 des **Caprices**.

1ᵉʳ Etat. Avant la lettre, avant le nᵒ, et avant que des parties claires n'aient été obtenues par le grattoir sur les figures des deux moines placés derrière la table, ainsi que sur la robe du moine assis au premier plan. De toute rareté. Cabinet des Estampes, Paris (épreuve avec la légende *manuscrite*), Museum of Fine Arts, Boston.

2ᵉ — Avec les retouches, avec la lettre et le nᵒ 13, mais avant les biseaux.

3ᵉ — Le cuivre est biseauté. (Tirages postérieurs, à dater de 1856.)

VENTE : Ph. Burty (Londres, 1876), 1ᵉʳ état, 15 sh.

Il existe *trois* dessins préparatoires (à la plume, à l'encre de Chine et à la sépia) pour cette planche ; ils sont conservés au **Musée du Prado**.

Le cuivre existe (Chalcographie de Madrid).

(H. 174 millim. L. 121)

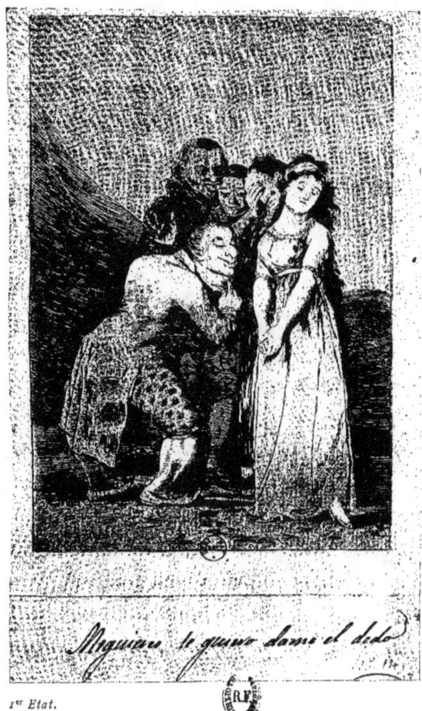

1ᵉʳ *Etat.*

Planche 14 des **Caprices.**

1ᵉʳ Etat. Avant la lettre et avant le nᵒ. De toute rareté. L'État reproduit. Cabinet des Estampes, Paris, avec une légende *manuscrite* différente.

2ᵉ — Avec la lettre : *Que sacrificio!* et le nᵒ 14, mais avant les biseaux.

3ᵉ — Le cuivre est biseauté. (Tirages postérieurs, à dater de 1856.)

Il existe une copie lithographique anonyme de cette pièce (voir la note du nᵒ 10 des **Caprices**).

Le dessin préparatoire à la plume pour cette planche est conservé au **Musée du Prado.**

Le cuivre existe (Chalcographie de Madrid).

52. — BELLOS CONSEJOS (JOLIS CONSEILS)

(H. 180 millim. L., 124)

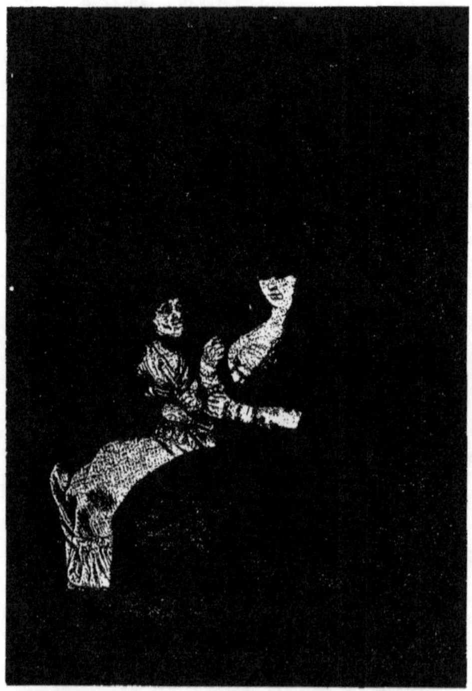

Planche 15 des **Caprices**.

1ᵉʳ Etat. Avant la lettre et avant le nº. De toute rareté. Cabinet des Estampes, Paris.

2ᵉ   —   Avant la lettre : *Bellos consejos*, et le nº 15, mais avant les biseaux.

3ᵉ   —   Le cuivre est biseauté. (Tirages postérieurs, à dater de 1856.)

« Peut-être faut-il voir là, comme l'a indiqué M. Piot, une allusion à la célèbre Josefa Tudo, qui
« fut, dit-on, mariée secrètement au prince de la Paix, et dont les mœurs paraissent avoir beaucoup prêté
« à dire aux mauvaises langues contemporaines. » (*P. Lefort.*)

Il existe de cette pièce, reproduite dans la **Misère** sociale de la **Femme**
lithographique anonyme (voir la note du nº 10 des **Caprices**).

Le cui

(H. 176 millim. L. 125)

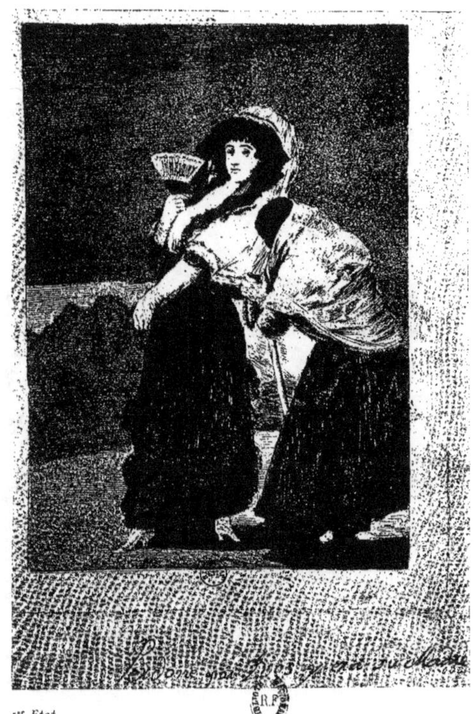

1er État.

Planche 16 des **Caprices**.

1er État.   Avant la lettre et avant le n°. De toute rareté. Cabinet des Estampes, Paris. **L'État reproduit.**

2e   —   Avec la lettre et avec le n° 16, mais avant le second point à la suite du mot : *perdone*. Fort rare.
            Collection de M. Marcel Guérin.

3e   —   Avec un double point après le mot : *perdone*, mais avant les biseaux.

4e   —   Le cuivre est biseauté. (Tirages postérieurs, à dater de 1856.)

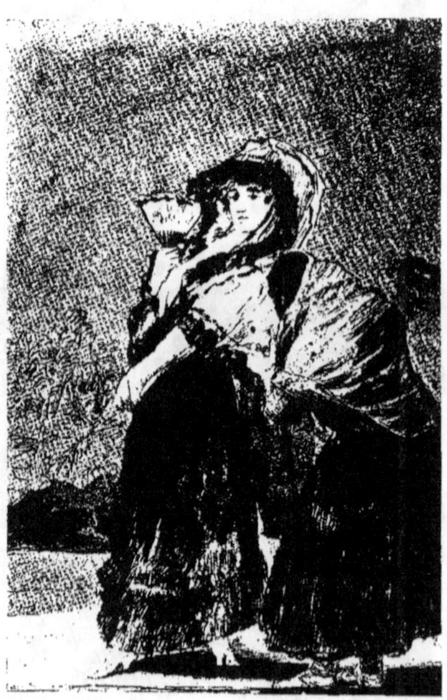

« La senorita a quitté toute jeune son pays natal : elle fut mise en apprentissage à Cadix, puis elle
« vint à Madrid. Elle gagna à la loterie; descendue un jour au Prado, elle entend qu'une vieille maugréante
« et décrépite lui demande l'aumône. Elle la repousse; la mendiante insiste; l'élégante se retourne et
« reconnaît... qui l'eût dit!... que cette pauvre vieille était sa mère... » (Manuscrit de Goya.)

Il existe un dessin préparatoire, plume et encre de Chine, pour cette pièce; il est conservé au Musée
du Prado. Nous en donnons ci-dessus un fac-similé légèrement réduit.

Le cuivre existe (Chalcographie de Madrid).

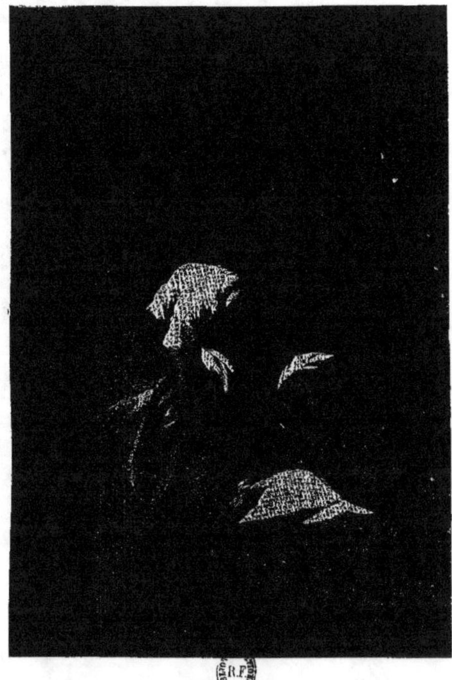

54. — BIEN ;TIRADA ESTÀ (IL EST BIEN TIRÉ)

(H. 186 millim. L. 128)

Planche 17 des Caprices.

1ᵉʳ Etat.   Avant la lettre et avant le n°. De toute rareté. Cabinet des Estampes, Paris (épr. avec la légende
manuscrite).

2ᵉ   — Avec la lettre : *Bien tirada esta*, et avec le n° 17, mais avant l'accent grave sur l'*a* du mot : *esta*.
Fort rare. Collection de M. Marcel Guérin.

3ᵉ   —   Avec un accent grave (\) sur l'*a* du mot : *esta*, mais avant les biseaux.

4ᵉ   —   Le cuivre est biseauté. (Tirages postérieurs, à dater de 1856.)

Il existe un dessin préparatoire pour cette planche conservé au **Musée du Prado**.

Le cuivre existe (Chalcographie de Madrid).

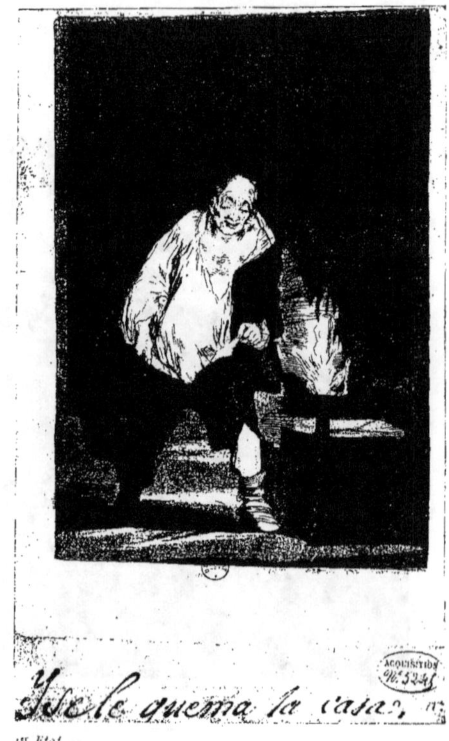

55. — Y SE LE QUEMA LA CASA
(ET VOILA QUE SA MAISON BRULE)
(H. 178 millim. L. 120)

1ᵉʳ État.

Planche 18 des **Caprices**.

1ᵉʳ État. Avant la lettre et avant le nᵒ. De toute rareté. L'État reproduit. Cabinet des Estampes, Paris,
(épreuve avec la légende *manuscrite*).

2ᵉ — Avec la lettre : *Ysele quema la Casa*, et le nᵒ 18, mais avant les biseaux du cuivre.

3ᵉ — Le cuivre est biseauté. (Tirages postérieurs, à dater de 1856.) L'aqua-tinte sur le plancher a en
partie disparu.

« Allusion transparente à la situation critique de Charles IV, dont la politique de tergiversation, ou
« plutôt celle de son tout-puissant ministre, le prince de la Paix, n'échappe point au malin artiste. »
(*P. Lefort.*)

Il existe une copie lithographique anonyme de cette pièce (voir le nᵒ 10 des **Caprices**).

Un dessin préparatoire à la plume pour cette planche est conservé au **Musée du Prado**.

Le cuivre existe (Chalcographie de Madrid).

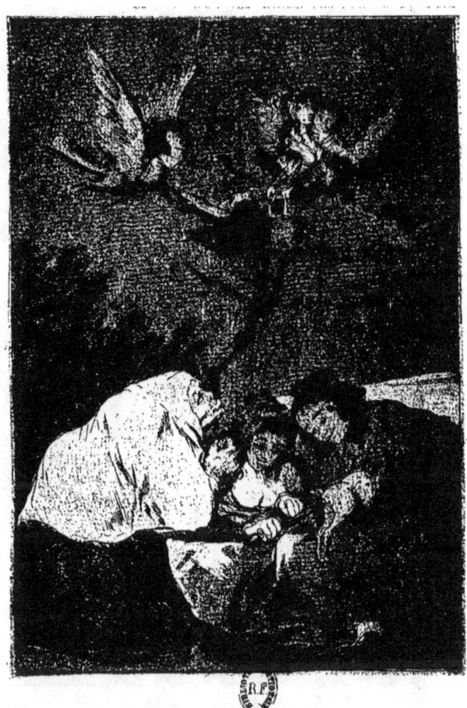

56. — TODOS CAERÀN (TOUS TOMBERONT)

(H. 188 millim. L. 131)

Planche 19 des Caprices.

1er Etat. Avant l'accent sur le second *a* du mot : *Caeran*. Fort rare. Collection de M. Marcel Guérin.

2e — Avec l'accent sur le second *a* du mot : *Caeràn*, mais avant les biseaux.

3e — Le cuivre est biseauté. (Tirages postérieurs, à dater de 1856.) Le ton d'aqua-tinte sur la robe de la jeune femme à droite a disparu.

Cette planche a été reproduite dans le **Francisco Goya**, de *Kurt Bertels*.

Un dessin préparatoire à la sanguine pour cette planche est conservé au **Musée du Prado**.

Le cuivre existe (Chalçographie de Madrid).

57. — YA VAN DESPLUMADOS (LES VOILA DÉPLUMÉS)

(L. 197 millim. H. 132)

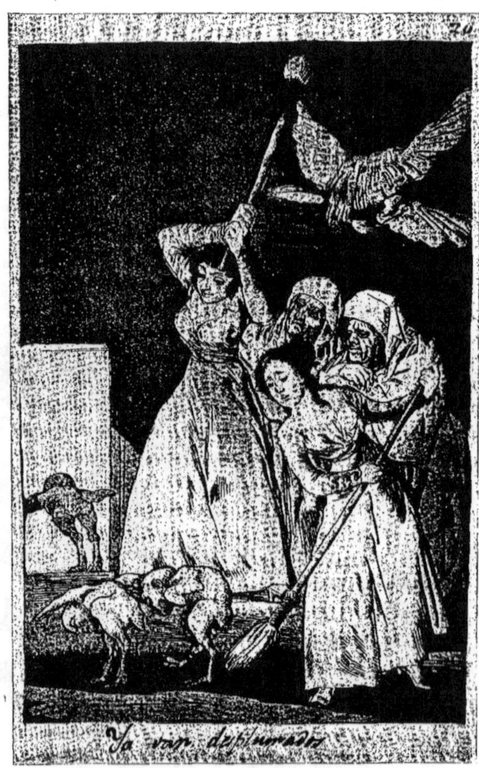

1er Etat.

Planche 20 des **Caprices**.

1er Etat.   Avant la lettre et avant le n°. De toute rareté. **L'État reproduit.** Collection de M. J. Hupka.

2e   —   Avec la lettre : *Ya van desplumados* et le n° 20, mais avant les biseaux du cuivre.

3e   —   Le cuivre est biseauté. Avec des rayures sur le bord latéral gauche du cuivre et dans le haut. (Tirages postérieurs, à dater de 1856).

Le **Musée du Prado** possède deux dessins préparatoires de Goya, — l'un en sens inverse, — pour cette planche.

Le cuivre existe (Chalcographie de Madrid).

(H. 183 millim. L. 127)

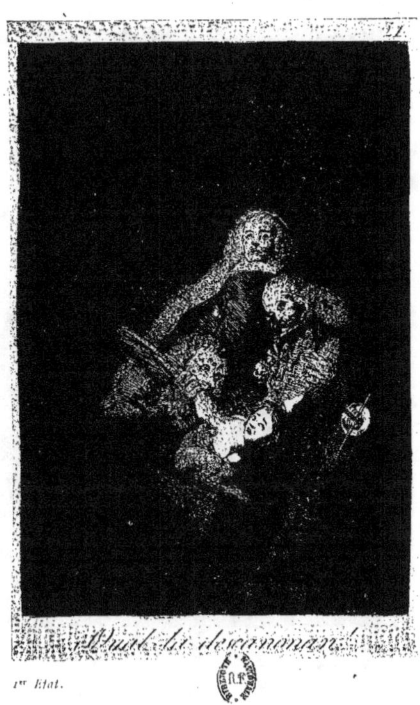

1er Etat.

Planche 21 des Caprices.

1er Etat. Avant le tilde ou accent (˜) sur le premier *n* du mot : *descanonan*. L'Etat reproduit. Fort rare.
Collection de M. Marcel Guérin.

2e — Avec le tilde, mais avant les biseaux.

3e — Le cuivre est biseauté. (Tirages postérieurs, à dater de 1856.)

Le Musée du Prado conserve un dessin préparatoire avec variantes pour cette planche.

« Et les poulettes aussi rencontrent des milans qui les déplument, et c'est pour cela que l'on a cou-
« tume de dire : A trompeur, trompeur et demi. » (Manuscrit de Goya.)

Le cuivre existe (Chalcographie de Madrid).

(H. 183 millim. L. 129)

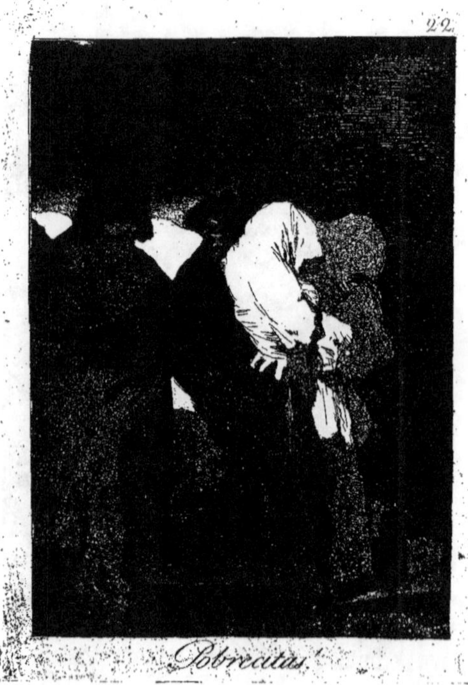

Planche 22 des **Caprices**.

1er Etat.   Avant la lettre et avant le n°. De toute rareté.

2e   —   Avec la lettre et avec le n° 22, mais avant les biseaux.

3e   —   Le cuivre est biseauté. (Tirages postérieurs, à dater de 1856.)

« Qu'on les envoie plutôt coudre celles-là dont la vie est si décousue. Qu'on les enferme... elles ont
« bien assez circulé comme cela... seulettes ». (Manuscrit de Goya.)

Il existe un dessin préparatoire à la sanguine pour cette planche conservé au **Musée du Prado**.

Le cuivre existe (Chalcographie de Madrid).

60. — AQUELLOS POLBOS (1) (CETTE POUSSIÈRE...)

(H. 186 millim. L. 131)

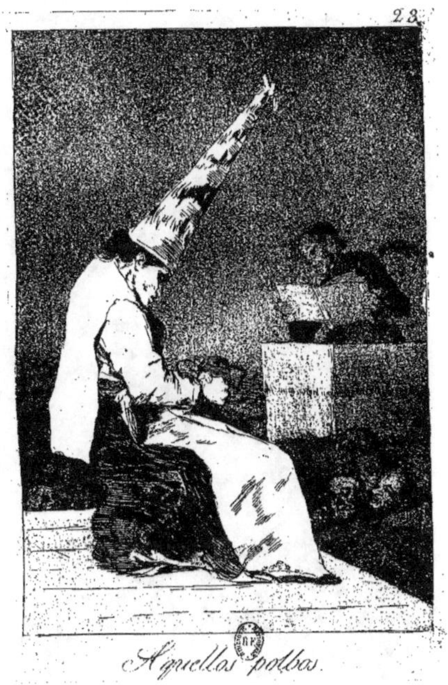

Planche 23 des Caprices.

1ᵉʳ État.   Avant que le cuivre n'ait été biseauté.

2ᵉ   —   Le cuivre est biseauté. (Tirages postérieurs, à dater de 1856.)

« Fragment du proverbe espagnol : *De aquellos polvos vienen estos lodos.* « Cette poussière pro-
« duit cette boue. » Goya a reproduit dans cette planche un *Autillo...* et le sens énergique de son
« épigraphe semble indiquer assez clairement qu'il a voulu se railler, et des mœurs des créatures du genre
« de celle qui entend lire sa sentence, et des juges qui les condamnaient à ces ignominieux supplices, et
« de la populace ignoble dont ces solennités faisaient les délices. » (P. Lefort, Goya.)

Le Musée du Prado conserve un dessin préparatoire à la sépia pour cette planche.

Le cuivre existe (Chalcographie de Madrid).

(1) Lefort et Hofmann ont transcrit : *polvos* au lieu de *polbos*.

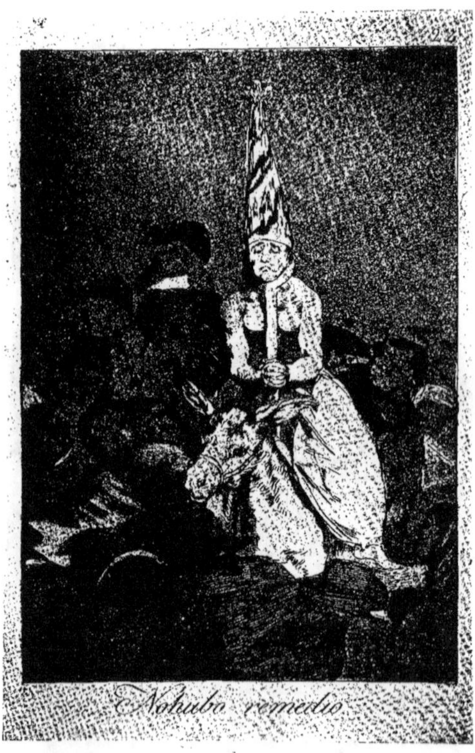

Planche 24 des Caprices.

1ᵉʳ Etat.   Avant les biseaux du cuivre.

2ᵉ   —   La cuivre est biseauté. (Tirages postérieurs, à dater de 1856.)

VENTE : Anonyme, 21 mars 1908, avec le n° 43 de notre cat., 35 fr.

Il existe de cette planche, reproduite dans le Goya, de P. Lafond, une copie lithographique anonyme (voir la note du n° 10 des Caprices).

Le cuivre existe (Chalcographie de Madrid).

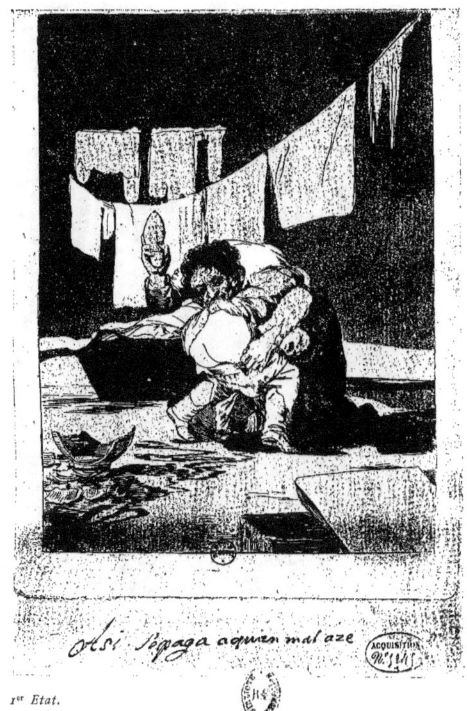

1er Etat.

Planche 25 des Caprices.

1er Etat.   Avant la lettre, avant le n° et avant les tailles à la pointe sèche sur la croupe et les fesses de
l'enfant. De toute rareté. Bibliothèque Nationale, Madrid, Cabinet des Estampes, Paris, avec
légende *manuscrite* différente. L'État reproduit.

2°   —   Avec la lettre : *Si quebró el Cantaro*, le n° 25 et les tailles à la pointe sèche sur les nudités de
l'enfant, mais avant les biseaux.

3°   —   Le cuivre est biseauté. (Tirages postérieurs, à dater de 1856.)

Il existe un dessin préparatoire à la sanguine pour cette planche ; il est conservé au **Musée** du Prado.

Le cuivre existe (Chalcographie de Madrid).

(H. 193 millim. L. 141)

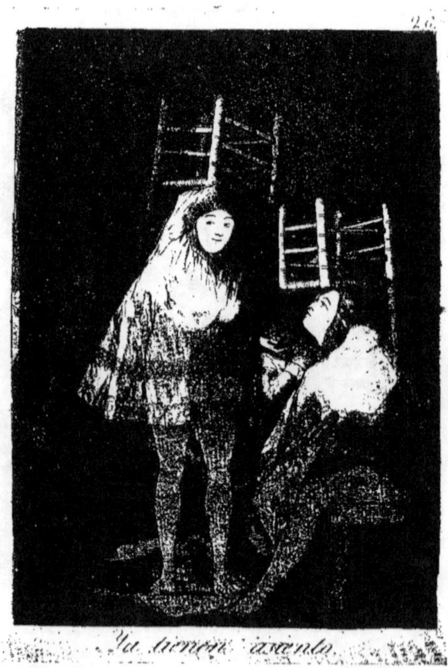

1er État.

Planche 26 des **Caprices**.

1er État.   Avant les biseaux du cuivre. Les tons d'aqua-tinte sont très visibles. **L'État reproduit.**

2e   — Le cuivre est biseauté. L'aqua-tinte a à peu près disparu sur les jambes des deux jeunes femmes. (Tirages postérieurs, à dater de 1856.)

« Si l'on veut que ces créatures à tête légère trouvent où se caser, il n'y a rien de mieux à faire que « de leur mettre leur siège sur la tête. » **(Manuscrit de Goya.)**

Le **Musée** du **Prado** conserve un dessin préparatoire à la sanguine pour cette planche.

Le cuivre existe (Chalcographie de Madrid).

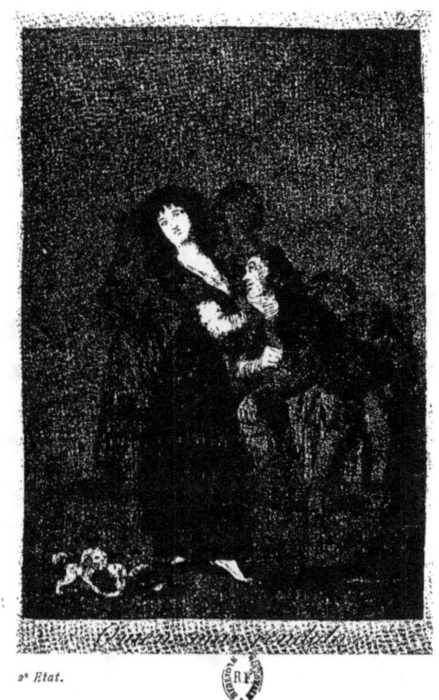

2ᵉ *État.*

Planche 27 des **Caprices.**

1ᵉʳ Etat. Avant la lettre et avant le nᵒ. Cabinet des Estampes, Paris (épreuve avec la légende *manuscrite*). De toute rareté.

2ᵉ — Avec la lettre et le nᵒ 27, mais *avant* le point d'interrogation à la suite de la légende. Fort rare. L'État reproduit. Collection de M. Marcel Guérin.

3ᵉ — Avec un point d'interrogation à la suite du mot : *rendido*, mais avant les biseaux du cuivre.

4ᵉ — Le cuivre est biseauté, les tons d'aqua-tinte sont affaiblis. (Tirages postérieurs, à dater de 1856.)

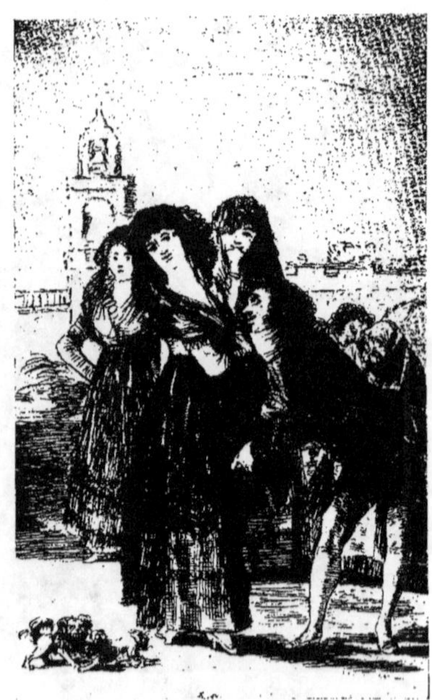

Le **Musée** du **Prado** possède un dessin préparatoire à la plume pour cette planche ; nous en donnons ci-dessus un fac-simile réduit.

———

« Pas plus l'un que l'autre... *Lui* est un charlatan d'amour qui dit à toutes les femmes la même « chose, et quant à *Elle*..., elle ne songe qu'aux cinq rendez-vous qu'elle a donnés entre huit et neuf « heures... et il en est déjà sept et demie. » (Manuscrit de Goya.)

———

Le cuivre existe (Chalcographie de Madrid).

65. — CHITON (CHUT)

(H. 190 millim. L. 129)

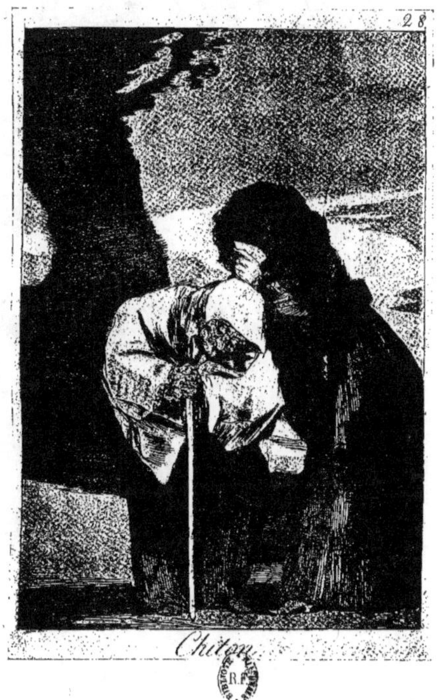

Planche 28 des Caprices.

1er Etat. Avant la lettre et avant le nº. De toute rareté. Collection de M. le Dr J. Hupka.

2ª — Avec la lettre et le nº 28, mais avant les biseaux.

3ª — Le cuivre est biseauté. (Tirages postérieurs, à dater de 1856.)

Le point d'exclamation cité par J. Hofmann à la suite du mot *Chiton* n'existe pas.

Il existe un dessin préparatoire à la sanguine pour cette pièce ; il est conservé au **Musée** du **Prado**.

Le cuivre existe (Chalcographie de Madrid).

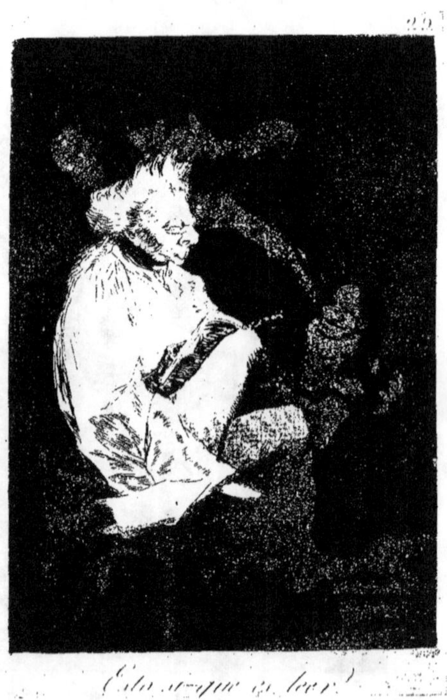

Planche 29 des Caprices.

1er État.   Le cuivre n'est pas biseauté.

2e   —   Le cuivre est biseauté. (Tirages postérieurs, à dater de 1856.)

« Dans celle n° 29, il est possible que Goya ait voulu tourner en ridicule le marquis de Revillagigedo,
« ou plutôt le duc del Parque, qui passait à Madrid pour donner à la culture de son esprit tout le temps
« qu'il plaisait à son valet de chambre de mettre à sa coiffure. De cette méthode d'instruction il résulta pour
« le duc un grand fonds de connaissances que le gouvernement espagnol a cherché plus d'une fois de
« mettre à profit, en le chargeant de quelques missions diplomatiques. » (*P. Lefort*, **Goya**.)

Cette planche a été reproduite dans le **Francisco Goya**, de Kurt Bertels, 1907.

Le cuivre existe (Chalcographie de Madrid).

(H. 186 millim. L. 126)

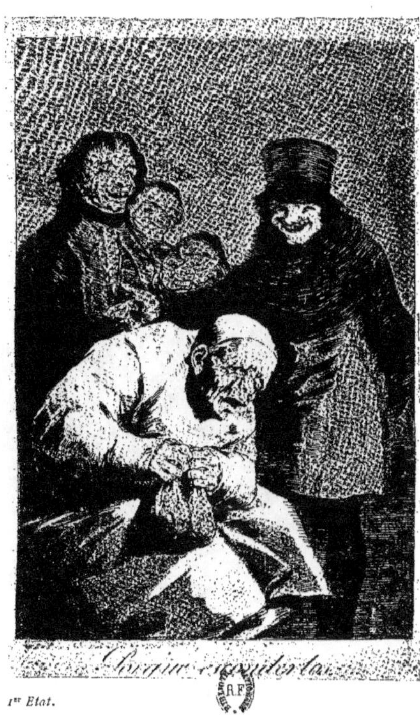

1ᵉʳ Etat.

Planche 30 des Caprices.

1ᵉʳ Etat.   Avant le point d'interrogation (?) à la suite de la légende. Fort rare. **L'État reproduit.**

2ᵉ — Avec un point d'interrogation à la suite du mot : *esconderlos*, mais avant les biseaux.

3ᵉ — Le cuivre est biseauté. (Tirages postérieurs, à dater de 1856.) Les tons d'aqua-tinte sont fort
atténués.

« Il s'agirait ici d'un ecclésiastique que son avarice bien connue avait fait la risée de Madrid, et
« dont les neveux, les parents, et *autres sacristains*, ajoute le second manuscrit attribué à Goya, déterraient
« sans doute à son insu les sacs qu'il enfouissait. » (*Lefort.*)

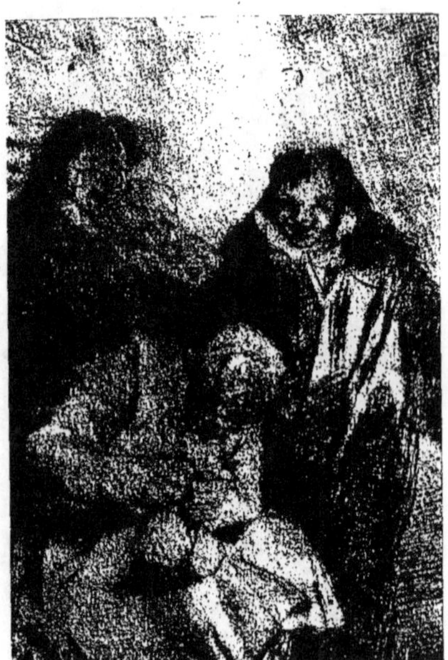

Il existe un dessin préparatoire avec variante, à la sanguine, pour cette planche ; il est conservé au Musée du Prado. Nous en donnons ci-dessus une reproduction réduite.

« La réponse est facile : parce qu'il ne veut pas les dépenser, et il ne les dépense pas, parce que, « tout âgé qu'il soit de quatre-vingts ans révolus, et quoiqu'il ait à peine un mois à vivre, il croit cepen- « dant qu'il vivra longtemps encore et craint que l'argent ne lui fasse faute. Combien sont erronés les « calculs de l'avarice. » (Manuscrit de Goya.)

Le cuivre existe (Chalcographie de Madrid).

68. — RUEGA POR ELLA (ELLE PRIE POUR ELLE)

(H. 185 millim. L. 134)

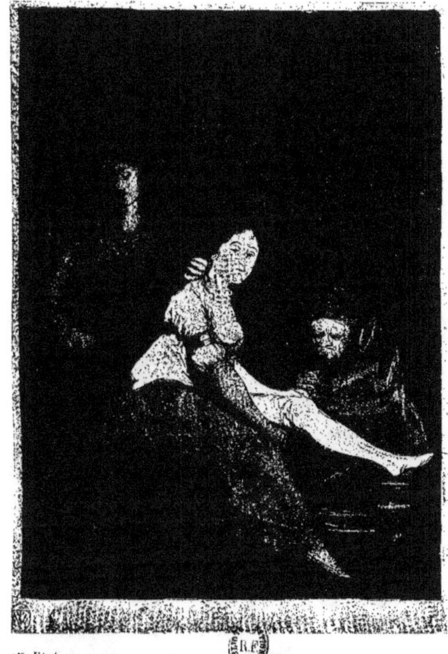

1er État.

Planche 31 des **Caprices**.

1er **Etat.** Avant la lettre, avant le n° et avant que le visage de la camériste, retravaillé à la pointe, n'ait été
modifié ; de plus, la jeune femme assise a son bras droit et une partie de sa robe fortement
aqua-tintés ; avant divers travaux à la pointe sur cette même robe. De toute rareté. L'État
reproduit. British Museum (épr. de Ph. Burty).

2e — Avec les modifications signalées ci-dessus, avec la lettre : *Ruega por ella*, avec le n° 31, mais
avant les biseaux.

3e — Le cuivre est biseauté. (Tirages postérieurs, à dater de 1856.)

VENTE : Ph. Burty (Londres, 1876), 1er état, 15 sh.

Le **Musée** du **Prado** conserve un dessin préparatoire à la sanguine pour cette planche.

Le cuivre existe (Chalcographie de Madrid).

69. — POR QUE FUE SENSIBLE (POUR AVOIR ÉTÉ SENSIBLE)
(H. 178 millim. L. 120)

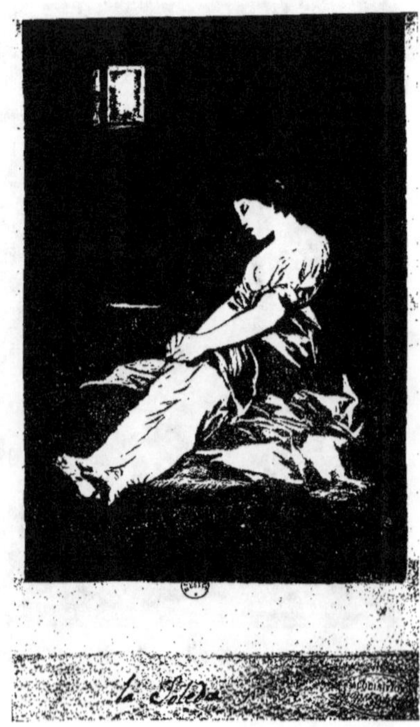

1ᵉʳ État.

Planche 32 des Caprices.

1ᵉʳ Etat.   Avant la lettre et avant le nº. De toute rareté. Cabinet des Estampes, Paris, avec une légende
manuscrite différente ; British Museum (épreuve de Ph. Burty). **L'État reproduit.**

2ᵉ   —   Avec la lettre : *Por que fue sensible*, et avec le nº 32, mais avant les biseaux.

3ᵉ   —   Le cuivre est biseauté. (Tirages postérieurs, à dater de 1856.) Les tons d'aqua-tinte sont atténués.

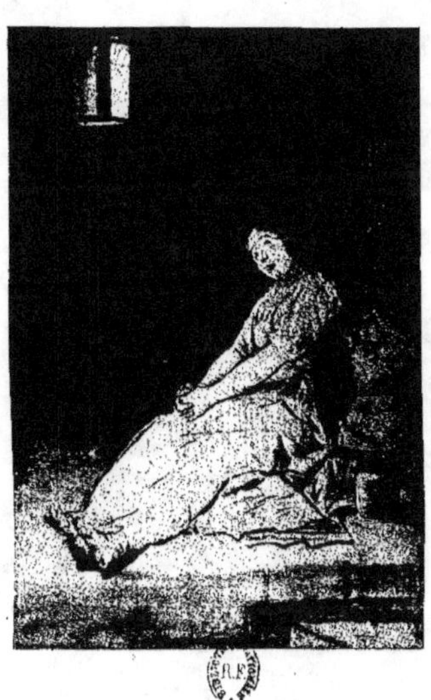

Cette pièce, que A. de Beruete considère comme une des plus belles de la série des **Caprices**, a été reproduite dans les *Grands Peintres-Graveurs depuis Rembrandt jusqu'à Whistler*, n° spécial du **Studio** (hiver 1913-1914) ; il en existe une copie lithographique.

Il existe un dessin préparatoire, avec variante pour cette pièce, conservé au **Musée du Prado** ; nous en donnons ci-dessus un fac-simile réduit.

« Et comment cela ? C'est que ce monde-là a ses hauts et ses bas, et la vie qu'elle menait ne la « pouvait conduire autre part. » (**Manuscrit de Goya.**)

Le cuivre existe (Chalcographie de Madrid).

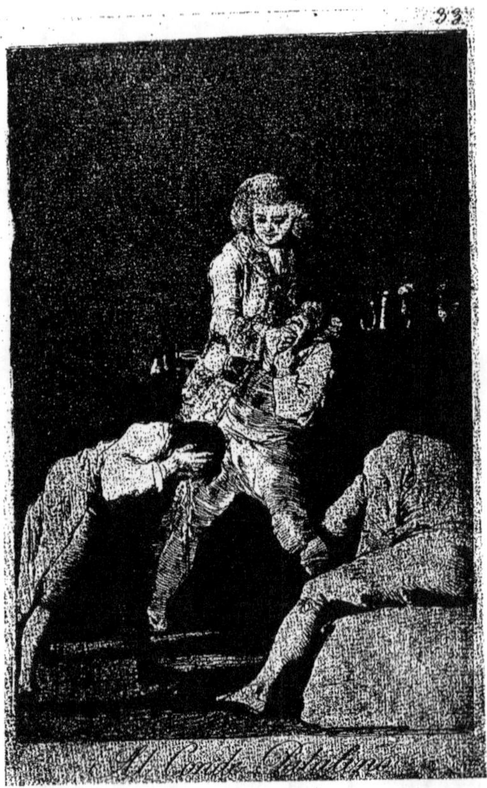

Planche 33 des **Caprices**.

1er Etat.   Avant la lettre et avant le n°. De toute rareté. Cabinet des Estampes, Paris.

2e   —   Avec la lettre et avec le n° 33, mais avant les biseaux.

3e   —   Le cuivre est biseauté. (Tirages postérieurs, à dater de 1856.)

« Selon toutes les apparences, ce serait le ministre Urquijo qu'il faudrait voir dans ce charlatan.
« Urquijo, qui partagea le pouvoir avec le marquis Caballero après la chute de Jovellanos (1798), fut,
« comme son collègue, profondément antipathique aux hommes à idées libérales. » (P. Lefort, Goya.)

Le cuivre existe (Chalcographie de Madrid).

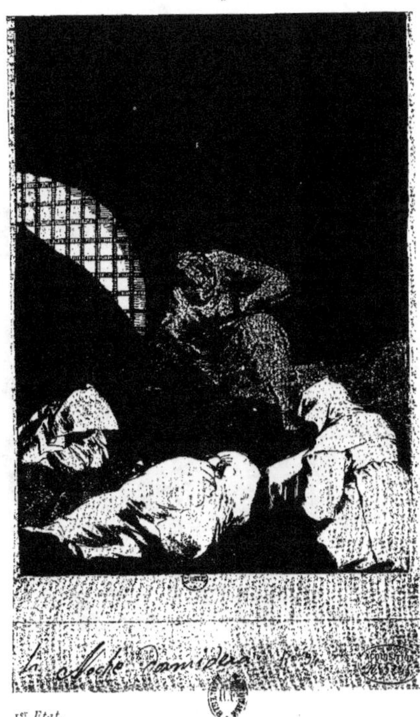

1er Etat.

Planche 34 des Caprices.

1er **Etat.** Avant la lettre et avant le n°. De toute rareté. **L'État reproduit.** Cabinet des Estampes, Paris, (épreuve avec légende *manuscrite* différente.)

2e — Avec la lettre : *Las rinde el sueño*, et le n° 34, mais avant les biseaux.

3e — Le cuivre est biseauté et le T. C. complété au B. à G. (Tirages postérieurs, à dater de 1856.)?

« ..... Qu'on ne les réveille pas! Le sommeil est peut-être l'unique bonheur des misérables. » **(Manuscrit de Goya.)**

Il existe un dessin préparatoire pour cette pièce conservé au **Musée du Prado.**

Le cuivre existe (Chalcographie de Madrid).

(H. 195 millim. L. 136)

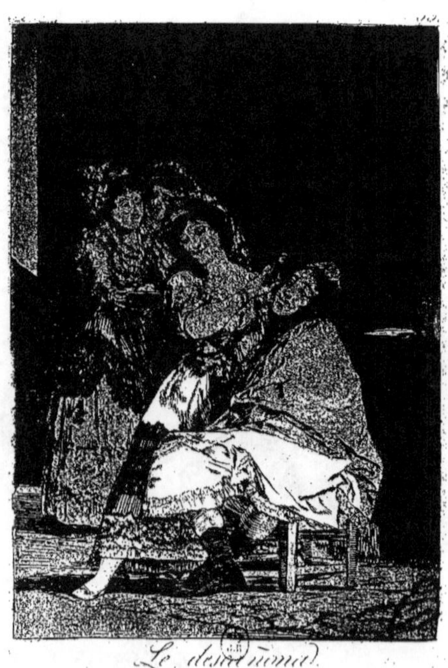

Planche 35 des **Caprices**.

1ᵉʳ Etat.   Avant la lettre et avant le n°. De toute rareté. Collection du Dʳ J. Hupka, Vienne.

2ᵉ   —   Avec la lettre et avec le n° 35, mais avant les biseaux.

3ᵉ   —   Le cuivre est biseauté. (Tirages postérieurs, à dater de 1856.)

« Elles le rasent... elles l'écorchent. C'est sa faute puisqu'il s'est confié aux mains de pareils
« barbiers. » (Manuscrit de Goya.)

Le cuivre existe (Chalcographie de Madrid).

73. — MALA NOCHE (MAUVAISE NUIT)

(H. 190 millim. L. 133)

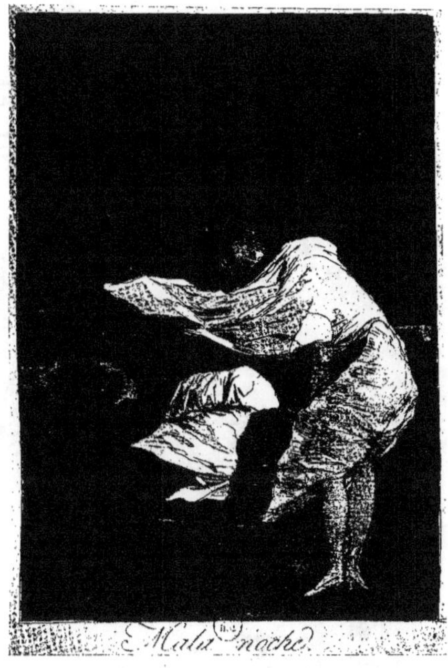

Planche 36 des Caprices.

1er Etat. Avant la lettre et avant le n°. De toute rareté.

2e — Avec la lettre et le n° 36, mais avant les biseaux.

3e — Le cuivre est biseauté. (Tirages postérieurs, à dater de 1856.)

« Dans le n° 36, Goya semble vouloir rappeler certaines soirées de la reine par des nuits souvent
« très-orageuses. C'était un bruit assez accrédité dans le temps, qu'il est arrivé plus d'une fois à cette
« princesse de rentrer chez elle dans un désordre de vêtements qui prêtait à tous les genres de conjec-
« tures. » (*P. Lefort.*)

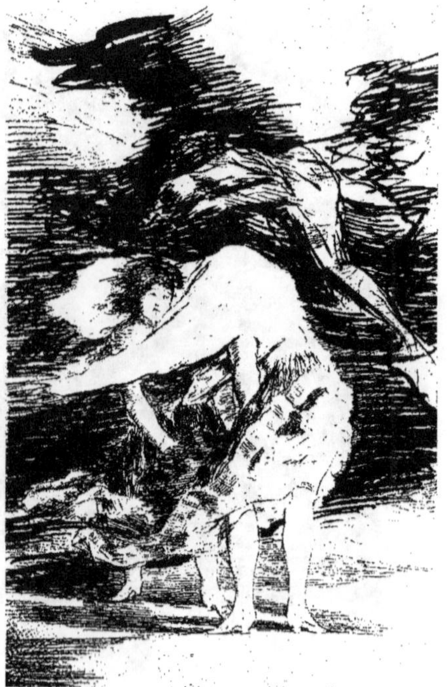

Il existe un dessin préparatoire, avec variante, pour cette planche; il est conservé au **Musée du Prado**; nous en donnons ci-dessus un fac-simile légèrement réduit.

———

« A ces inconvénients-là s'exposent les demoiselles légères qui ne veulent pas rester au logis. » **(Manuscrit de Goya.)**

———

Cette planche a été reproduite dans : **Etchings**, par Frédéric Wedmore, Londres, 1911.

———

Le cuivre existe (Chalcographie de Madrid).

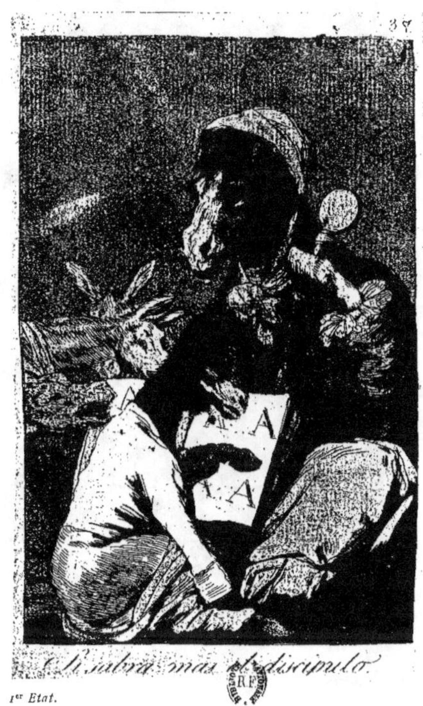

1ᵉʳ État.

Planche 37 des Caprices.

1ᵉʳ État. Avant l'accent grave sur le second *a* du mot : *sabra* et avant le point d'interrogation (?) à la fin
de la légende. L'État reproduit. Fort rare. Collection de M. Marcel Guérin.

2° — Avec un accent grave sur le second *a* du mot : *sabrà* et avec le point d'interrogation après le
mot *discipulo*, mais avant les biseaux.

3° — Le cuivre est biseauté. Les salissures du fond sont plus apparentes. (Tirages postérieurs, à dater
de 1856.)

Le **Musée du Prado** conserve un dessin préparatoire à la sanguine pour cette planche.

Il existe de cette pièce une copie au burin, anonyme, citée par Lefort et portant comme titre, en haut
de la pièce : *El burro maestro.*

Le cuivre existe (Chalcographie de Madrid).

75. — BRABISIMO! (BRAVISSIMO!)
(H. 185 millim. L. 131)

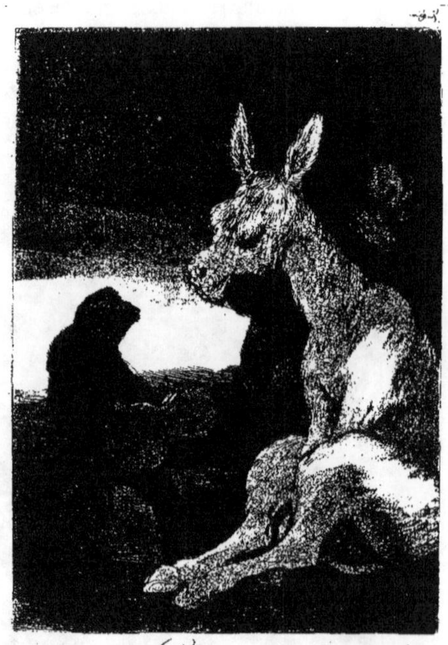

1ᵉʳ *Etat.*

Planche 38 des **Caprices.**

—————————

1ᵉʳ Etat.   Avant le point d'exclamation : (!) après le mot : *Brabisimo.* Très rare. **L'État reproduit.**

2ᵉ   —   Avec le point d'exclamation : (!), à la suite du mot : *Brabisimo!*, mais avant les biseaux du cuivre.

3ᵉ   -   Le cuivre est biseauté. (Tirages postérieurs, à dater de 1846.)

—————————

« L'âne, ici, c'est le roi Charles IV, et le virtuose, son ministre le prince de la Paix. Goya se sert
« fort spirituellement d'un bruit, probablement ridicule, qui courait alors à Madrid, pour masquer en
« partie la hardiesse de son allusion ; on prétendait que le prince de la Paix, aux premiers temps de sa
« faveur, régalait fort souvent leurs Majestés, le soir, dans l'intimité, de concerts dont il faisait tous les
« frais... D. Manuel Godoy se défend sérieusement (dans ses Mémoires) d'avoir employé ces séductions
« musicales... » (*P. Lefort*, **Goya**).

Le cuivre existe (Chalcographie de Madrid).

76. — ASTA SU ABUELO (JUSQU'A SON AIEUL)

(H. 202 millim. L. 139)

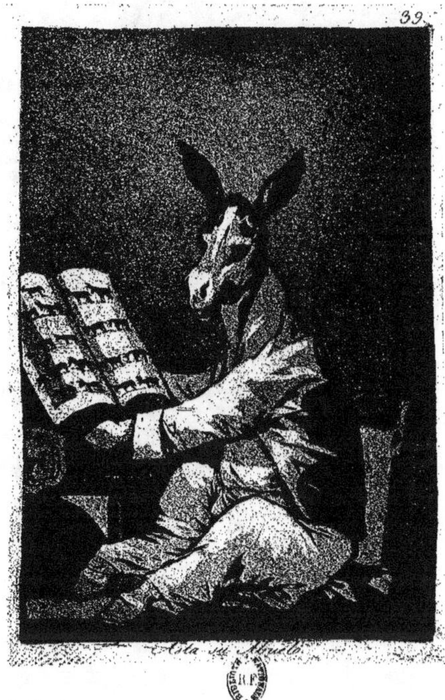

Planche 39 des Caprices.

1ᵉʳ État.   Avant que le cuivre n'ait été biseauté.

2ᵉ   —   Le cuivre est biseauté. (Tirages postérieurs, à dater de 1856.)

« ... Goya s'est amusé de la longue et ridicule généalogie qui fut faite au prince de la Paix; on le « faisait descendre des anciens rois goths d'Espagne, et tenir... à la famille régnante.

« Cela est évident, dit le roi à ce sujet, Godoy nous tient de fort près. — Il y a longtemps que je le « savais, dit la reine qui était présente. » (P. Lefort, Goya.)

Il existe deux dessins préparatoires pour cette planche conservés au **Musée du Prado**; ni l'un ni l'autre sont identiques à l'estampe.

Le cuivre existe (Chalcographie de Madrid).

77. — DE QUE MAL MORIRA? (DE QUEL MAL MOURRA-T-IL?)

(H. 186 millim. L. 132)

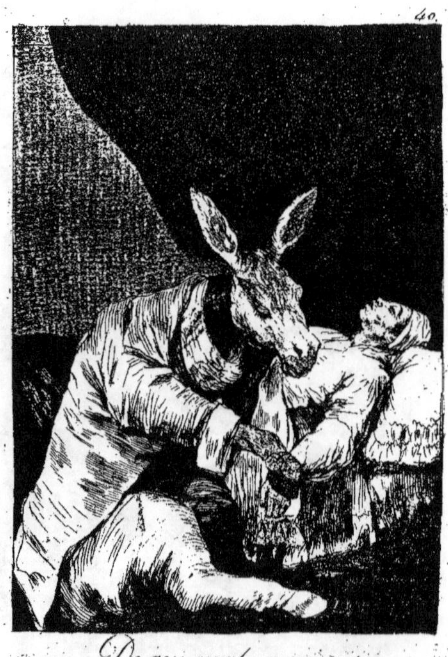

1er État.

Planche 40 des **Caprices**.

1er État.   Avant le point d'interrogation à la suite de la légende. Fort rare. L'État reproduit. Collection de
M. Marcel Guérin.

2e   —   Avec un point d'interrogation (?) à la suite du mot : *morira*, mais avant les biseaux.

3e   —   Le cuivre est biseauté, les salissures du fond, à G., sont plus apparentes. (Tirages postérieurs, à
dater de 1856.)

Selon les uns, il s'agirait du médecin Galinsoya, attaché au prince de la Paix, selon d'autres de Godoy,
gouvernant l'Espagne.

Il existe de cette pièce, dont un dessin préparatoire à la sépia figure au **Musée du Prado**, une copie
lithographique (voir le n° 10 des **Caprices**), puis une autre, celle-ci exécutée au burin, avec le titre : *El
asno medico.*

Le cuivre existe (Chalcographie de Madrid).

(H. 180 millim. L. 130)

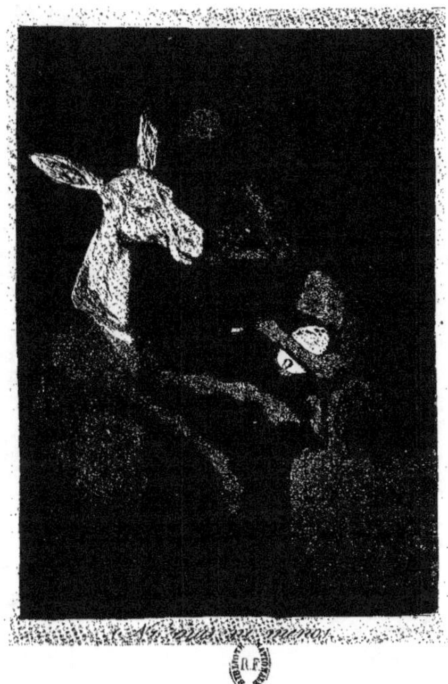

Planche 41 des Caprices.

1er Etat. Avant la lettre et avant le n°. De toute rareté.

2° — Avec la lettre et le n° 41, mais avant les biseaux.

3° — Le cuivre est biseauté et les deux angles de droite sont plus fortement arrondis. (Tirage
postérieurs, à dater de 1856.)

« Le peintre, c'est D. Antonio Carnicero, et le portrait, celui du prince de la Paix. Le second
« manuscrit attribué à Goya commente ainsi cette pièce : Un animal qui se fait peindre n'en reste pas
« moins un animal, quand même, dans son image, il porterait perruque et rabat, et l'eût-on doté de toute
« la gravité imaginable. » (P. Lefort, Goya.)

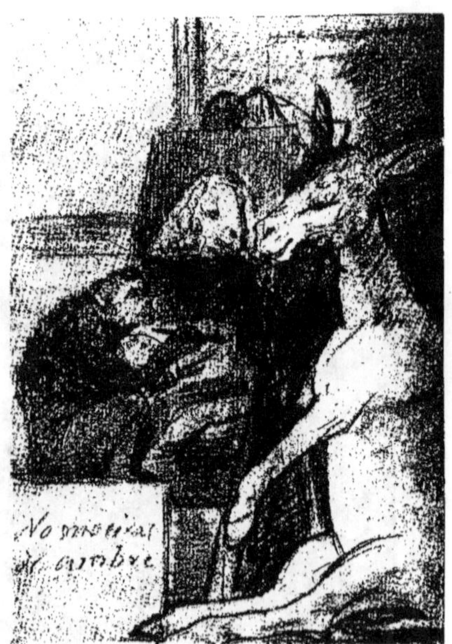

Le Musée du Prado conserve un dessin préparatoire à la sanguine pour cette pièce ; la composition est en sens inverse de l'estampe. Nous en donnons ci-dessus le fac-simile légèrement réduit.

« Il fait bien de se faire peindre. Après cela du moins quiconque ne l'aura ni vu ni connu pourra « savoir ce qu'il est. » (Manuscrit de Goya.)

Le cuivre existe (Chalcographie de Madrid).

79. — TU QUE NO PUEDES (TOI QUI N'EN PEUX MAIS)

(H. 190 millim. L. 121)

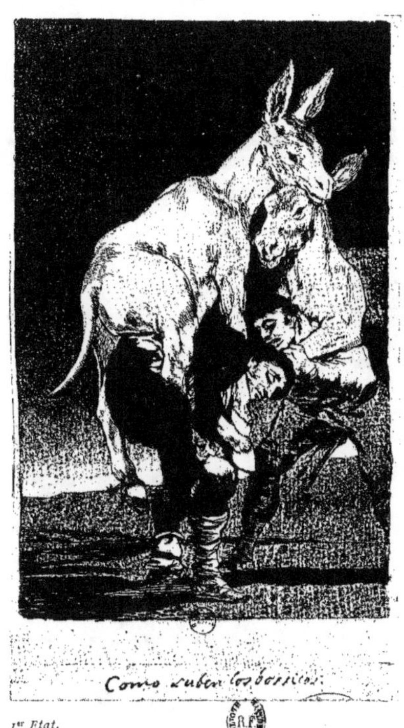

1er Etat.

Planche 42 des Caprices.

1er Etat.   Avant la lettre et avant le n°. De toute rareté. Cabinet des Estampes, Paris (épr. avec légende *manuscrite* différente). **L'État reproduit.**

2e   —   Avec la lettre : *Tu que no puedes*, et le n° 42, mais avant les biseaux.

3e   —   Le cuivre est biseauté. (Tirages postérieurs, à dater de 1856.)

VENTE : Anonyme (7 nov. 1911), avec les n°s 51, 89 et 109 de notre cat., 60 fr.

———

« Il nous semble que Goya, à l'aide d'un jeu de mots, fait allusion au ministre Caballero
« qui supplanta, en 1798, l'ami de Goya, Jovellanos... » (*P. Lefort*, **Goya**.)

———

Il existe un dessin préparatoire à la sépia pour cette planche; il est conservé au **Musée du Prado**.

———

Le cuivre existe (Chalcographie de Madrid).

<h1 style="text-align:center">80. — EL SUEÑO DE LA RAZON PRODUCE MONSTRUOS
(LE SOMMEIL DE LA RAISON ENFANTE PARFOIS DES MONSTRES)</h1>

(H. 183 millim. L. 123)

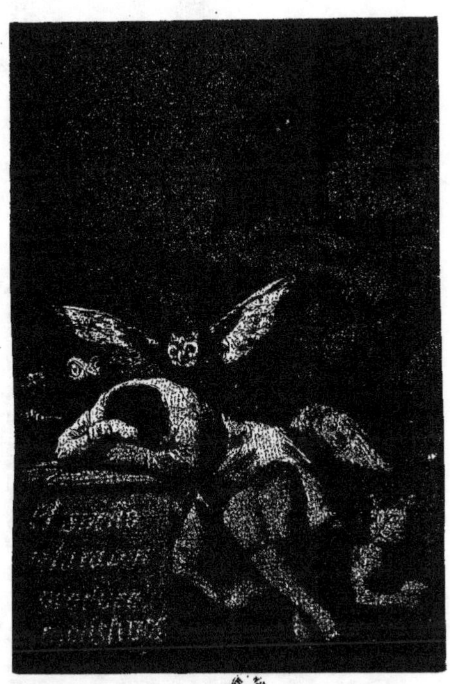

1er Etat.

Planche 43 des Caprices.

1er Etat.   Avant les biseaux du cuivre. L'inscription est bien lisible. **L'État reproduit.**

2e   —   Le cuivre est biseauté. L'inscription est moins lisible. (Tirages postérieurs, à dater de 1856.)

Il existe une copie lithographique anonyme de cette pièce (voir la note du n° 10 des **Caprices**).

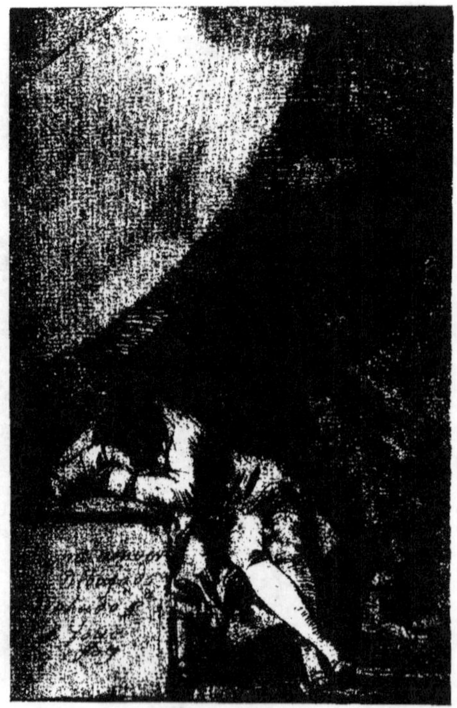

Le dessin préparatoire pour cette pièce, daté de 1797, se trouve au **Musée du Prado**; nous en donnons ci-dessus un fac-simile réduit.

———

« La fantaisie, sans la raison, produit des monstruosités; unies, elles enfantent les vrais artistes et « créent des merveilles. » (**Manuscrit de Goya.**)

———

Le cuivre existe (Chalcographie de Madrid).

81. — HILAN DELGADO (ELLES FILENT FIN)

(H. 191 millim. L. 130)

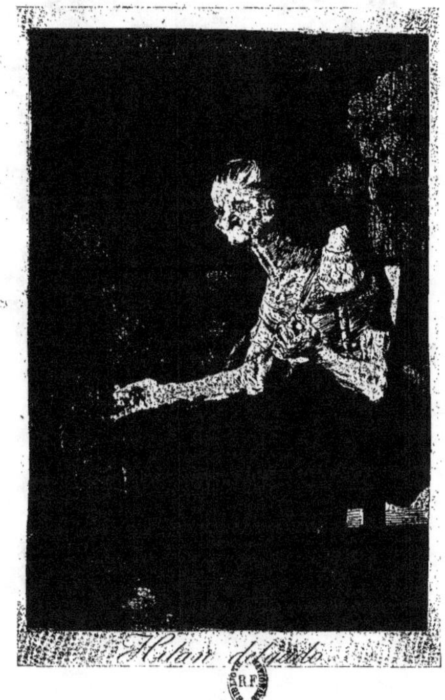

Planche 44 des Caprices.

1ᵉʳ Etat.   Avant la lettre et avant le nᵒ. De toute rareté.

2ᵉ   —   Avec la lettre et avec le nᵒ 44, mais avant les biseaux.

3ᵉ   —   Le cuivre est biseauté. (Tirages postérieurs, à dater de 1856.)

Le **Musée** du **Prado** conserve un dessin préparatoire à la sanguine pour cette pièce.

« Oh! oui, elles filent bien, et la trame qu'elles ourdissent le diable lui-même ne la saurait
« défaire. » (Manuscrit de Goya.)

Le cuivre existe (Chalcographie de Madrid).

(H. 185 millim. L. 127)

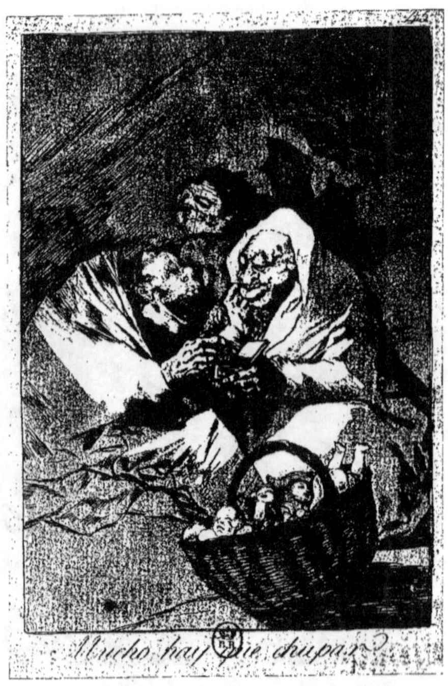

Planche 45 des Caprices.

1ᵉʳ Etat.   Le cuivre n'est pas biseauté.

2ᵉ   —   Le cuivre est biseauté. (Tirages postérieurs, à dater de 1856.)

« Celles qui atteignent quatre-vingts ans ont droit à de tous petits enfants, celles qui ne dépassent
« pas dix-huit ans ont droit à de plus grands. La destinée de l'homme serait-elle donc qu'il naisse et vive
« pour leur servir de pâture ? » (Manuscrit de Goya.)

Le Musée du Prado conserve un dessin préparatoire à la sanguine pour cette pièce.

Le cuivre existe (Chalcographie de Madrid).

83. — CORRECCION (PÉNITENCE)

(H. 193 millim. L. 131)

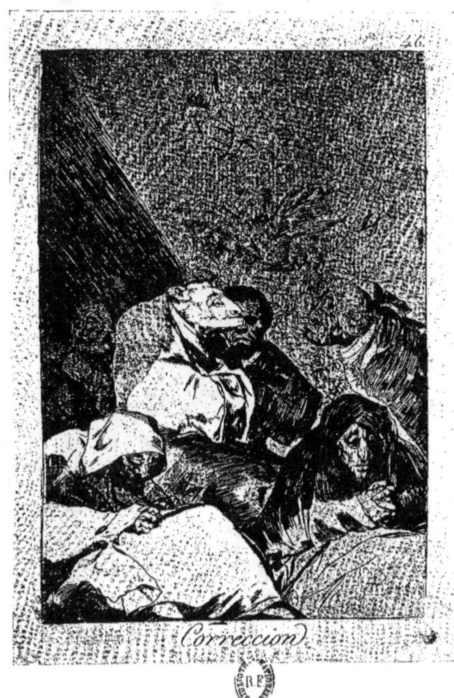

Correccion

Planche 46 des **Caprices**.

1ᵉʳ Etat. Avant que le cuivre n'ait été biseauté.

2ᵉ — Le cuivre est biseauté. (Tirages postérieurs, à dater de 1856.)

VENTE : Anonyme (18 novembre 1915), avec les nᵒˢ 53 et 96 de notre cat., 70 fr.

Cette planche, dont un dessin préparatoire à la sanguine est conservé au **Musée du Prado**, a été reproduite dans le **Francisco Goya**, de *K. Bertels*.

Le cuivre existe (Chalcographie de Madrid).

84. — OBSEQUIO Á EL MAESTRO (OFFRANDE AU MAITRE)

(H. 187 millim. L. 130)

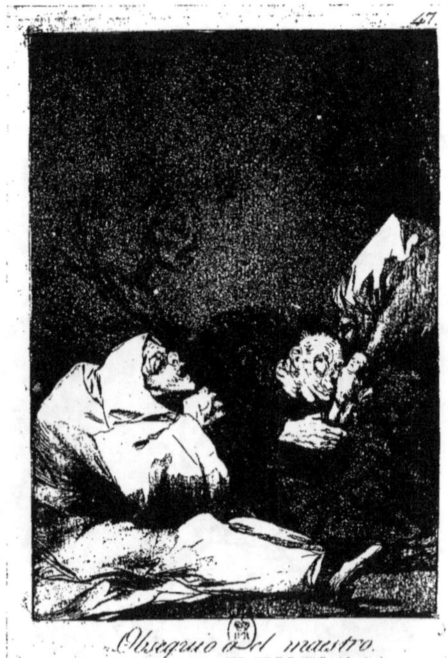

Planche 47 des Caprices.

1er Etat. Avant la lettre et avant le n°. De toute rareté.

2e — Avec la lettre et avec le n° 47, mais avant les biseaux.

3e . Le cuivre est biseauté. (Tirages postérieurs, à dater de 1856.)

VENTE : Anonyme (21 mars 1908), avec le n° 86 de notre cat., 20 fr.

Le Musée du Prado conserve un dessin préparatoire à la sanguine pour cette planche.

« Rien de mieux ; elles seraient élèves bien ingrates si elles ne venaient rendre hommage à un
« professeur à qui elles doivent tout ce qu'elles ont appris en science diabolique. » (Manuscrit de Goya.)

Le cuivre existe (Chalcographie de Madrid).

85. — SOPLONES (LES SOUFFLEURS)

(H. 190 millim. L. 130)

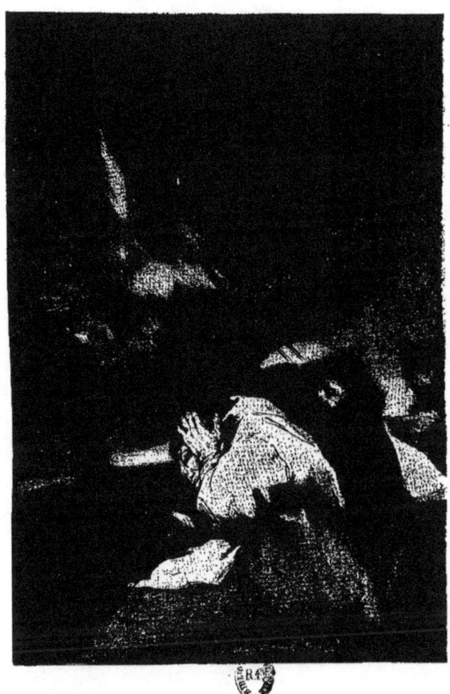

Planche 48 des Caprices.

1er Etat. Avant la lettre et avant le nº. De toute rareté.

2e — Avec la lettre : *Soplones*, et le nº 48, mais avant les biseaux.

3e — Le cuivre est biseauté. (Tirages postérieurs, à dater de 1856.)

« Le mot *Soplones* a aussi en espagnol le sens de mouchards, de délateurs. Or, il est facile de voir
« par le commentaire (1) que Goya donne de sa planche que le jeu de mots est intentionnel. Comme le fait
« fort justement remarquer l'anonyme contemporain de l'artiste, une grande partie des planches de
« sorcellerie renferment, comme celle-ci, qui parait être une satire contre la confession auriculaire, des
« allusions plus ou moins voilées, soit contre l'Église, ses cérémonies ou ses dogmes, soit contre les ordres
« monastiques que Goya prend fréquemment à partie. Et puisque nous abordons ici cette question, d'un
« si grand intérêt pour l'étude de son œuvre, des opinions religieuses de Goya, qu'il nous soit permis de
« faire observer que tout ce qui, dans cette œuvre, a trait non-seulement aux idées religieuses, mais
« encore à la politique, s'inspire profondément des doctrines philosophiques des auteurs de l'*Encyclo-*
« *pédie*. A la fin du xviiie siècle, un petit noyau d'hommes appartenant aux classes élevées ou lettrées se
« montrèrent, en Espagne, les fervents adeptes de cette école; aussi, dans ces esprits ainsi préparés, la
« Révolution française et les grands principes qui en surgirent ne trouvèrent-ils que des admirateurs
« sincères et convaincus. Plus qu'aucun autre, Goya se fit l'écho passionné de ces principes. Ce rôle de
« l'artiste, propageant les idées de 89 en pleine Espagne monarchique, et se faisant l'apôtre de la déesse
« Raison en face de l'Inquisition, non plus, il est vrai, redoutable comme autrefois, mais debout encore,
« toujours influente, toujours puissante dans les conseils de la couronne, ce rôle nous semble unique et
« sans précédent dans l'histoire de l'art ; que si l'on veut bien considérer encore que la meilleure partie
« des semences jetées par Goya avec tant de verve et tant d'esprit ne devait pas tarder à germer et à
« s'affirmer dans l'œuvre des Cortès de 1812, l'on ne laissera pas d'admettre avec nous que ce même rôle
« prend des proportions presque grandioses. . » (*P. Lefort*, Goya, p. 56.)

Le Musée du Prado conserve un dessin préparatoire à la sanguine pour cette planche.

---

(1) « Les sorciers souffleurs sont les plus ennuyeux de tous et les moins intelligents dans l'art de la sorcellerie.
« S'ils savaient quelque chose, ils ne seraient pas souffleurs »

Le cuivre existe (Chalcographie de Madrid).

86. — DUENDECITOS (REVENANTS)

(H. 188 millim. L. 132)

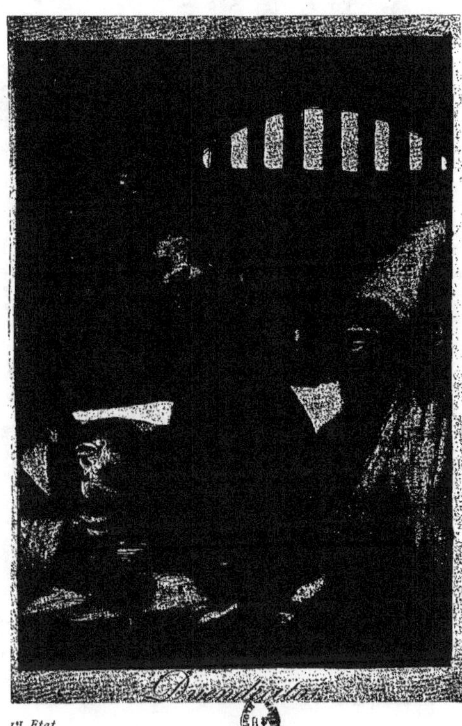

1ᵉʳ Etat.

Planche 49 des **Caprices.**

1ᵉʳ Etat.   Avant que le cuivre n'ait été biseauté. **L'État reproduit.**

2ᵉ   —   Le cuivre est biseauté, les tons d'aqua-tinte sont affaiblis. (Tirages postérieurs, à dater de 1856.)

VENTE : Anonyme (21 mars 1908), avec le n° 84 de notre cat., 20 fr.

« Ceux-ci sont d'autre sorte : gais, amusants, serviables, peut-être un tant soit peu gloutons, et
« enclins à faire des niches, au demeurant de bons petits hommes de bien. » (Manuscrit de Goya.)

Cette planche a été reproduite dans le **Francisco Goya,** de *Kurt Bertels.*

Le cuivre existe (Chalcographie de Madrid).

87. — LOS CHINCHILLAS (LES CHINCHILLAS)

(H. 175 millim. L. 124)

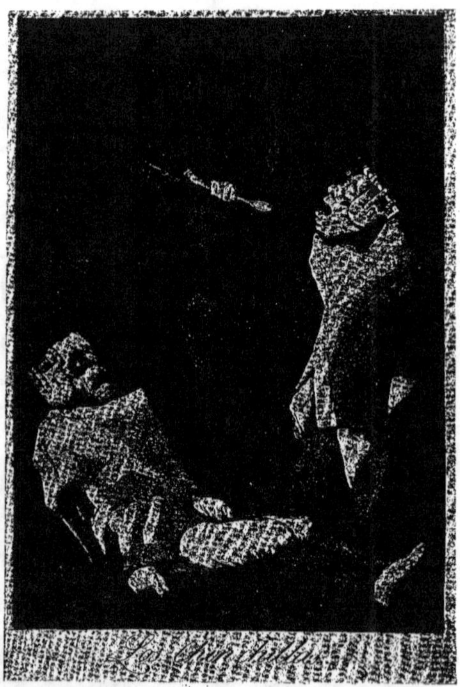

Planche 5ó des **Caprices**.

1ᵉʳ Etat.   Avant que le cuivre n'ait été biseauté.

2ᵉ   —   Le cuivre est biseauté. (Tirages postérieurs, à dater de 1856.)

« Celui qui n'entend rien, ne sait rien, ne voit rien, appartient à la nombreuse famille des Chin-
« chillas qui n'a jamais été bonne à rien. » (**Manuscrit de Goya.**)

Cette planche a été reproduite dans le **Francisco Goya**, de Kurt Bertels, ainsi qu'un dessin, première
pensée de cette composition, conservé au **Musée du Prado.**

Le **Musée du Prado** conserve une première pensée et un dessin préparatoire à la sépia pour cette
planche.

Le cuivre existe (Chalcographie de Madrid).

88. — SE REPULEN (ILS FONT LEUR TOILETTE)

(H. 182 millim. L. 127)

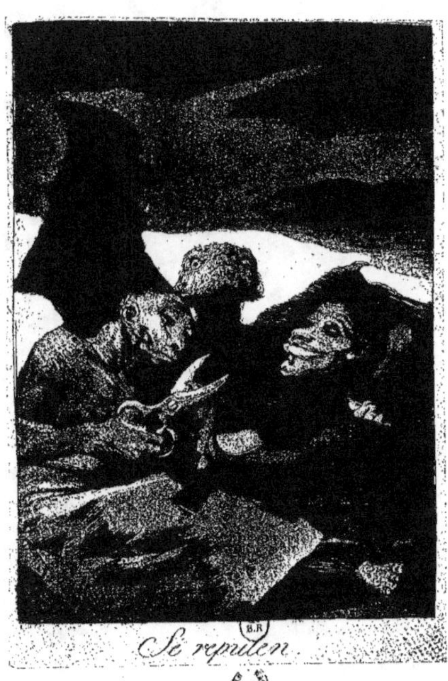

2ᵉ État.

Planche 51 des Caprices.

1ᵉʳ Etat. Avant la lettre et avant le nᵒ. De toute rareté.

2ᵉ — Avec la lettre et le nᵒ 51, mais avant les biseaux du cuivre. L'État reproduit.

3ᵉ — Le cuivre est biseauté. Les tons d'aquatinte sont affaiblis. (Tirages postérieurs, à dater de 1856.)

« C'est une chose si dangereuse d'avoir les ongles longs, que cela est défendu même dans la sorcel-
« lerie. » (Manuscrit de Goya.)

Le cuivre existe (Chalcographie de Madrid).

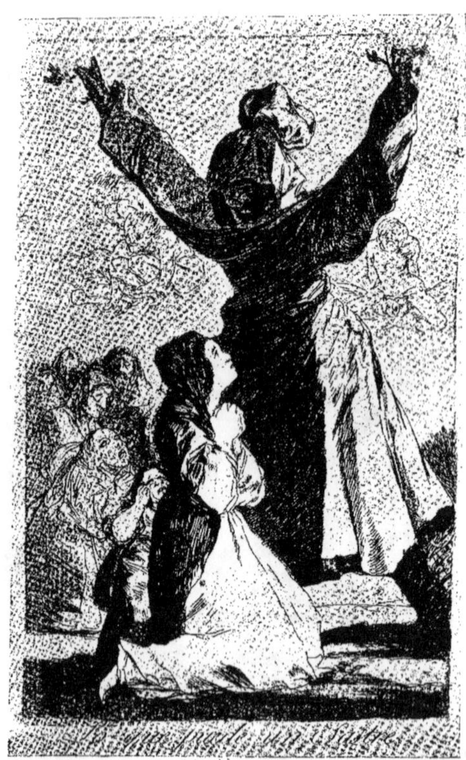

1er Etat.

Planche 5a des **Caprices.**

———

1er Etat. Avant le point d'exclamation (*!*) à la suite de la légende. Fort rare. **L'État reproduit.** Collection de M. Marcel Guérin.

2e — Avec un point d'exclamation à la suite du mot : *Sastre,* mais avant les biseaux.

3e — Le cuivre est biseauté. (Tirages postérieurs, à dater de 1856.)

———

Il existe une copie lithographique anonyme de cette pièce (voir la note du n° 10 des *Caprices*).

———

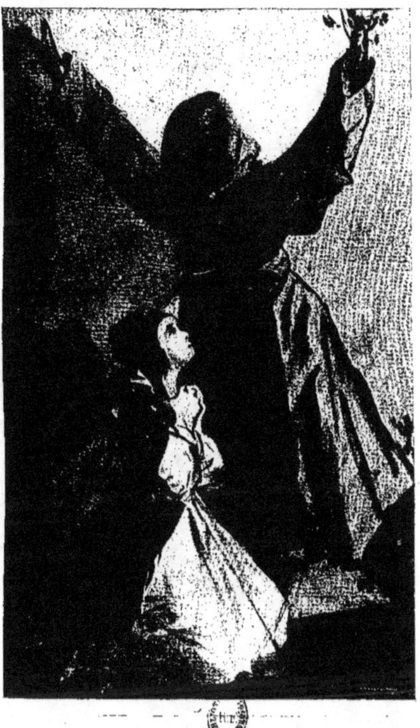

Un dessin préparatoire à la sépia, pour cette planche, est conservé au **Musée du Prado**. Nous en donnons ci-dessus un fac-simile légèrement réduit.

« Combien souvent une bestiole, une petite chose ridicule, ne se transforme-t-elle pas en un fantôme
« immense qui n'est pourtant rien sous des apparences énormes. » **(Manuscrit de Goya.)**

Le cuivre existe (Chalcographie de Madrid).

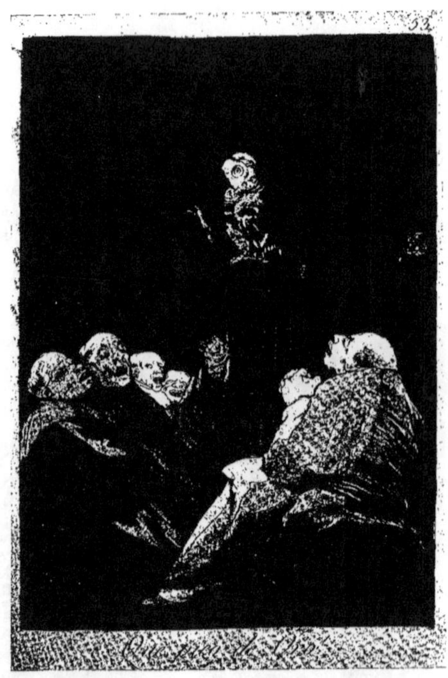

Planche 53 des **Caprices**.

1er État.   Avant la lettre et avant le n°. De toute rareté.

2e   —   Avec la lettre et le n° 53, mais avant les biseaux.

3e   —   Le cuivre est biseauté. (Tirages postérieurs, à dater de 1856.)

VENTE : Anonyme (21 mars 1908), avec le n° 94 de notre cat., 32 fr.

Cette pièce, dont un dessin préparatoire à la sanguine est conservé au **Musée du Prado**, est reproduite dans : *A short History of Engraving & Etching*, par A. M. Hind, 1908.

Le cuivre existe (Chalcographie de Madrid).

91. — EL VERGONZOSO (LE RUFFIAN)

(H. 185 millim. L. 120)

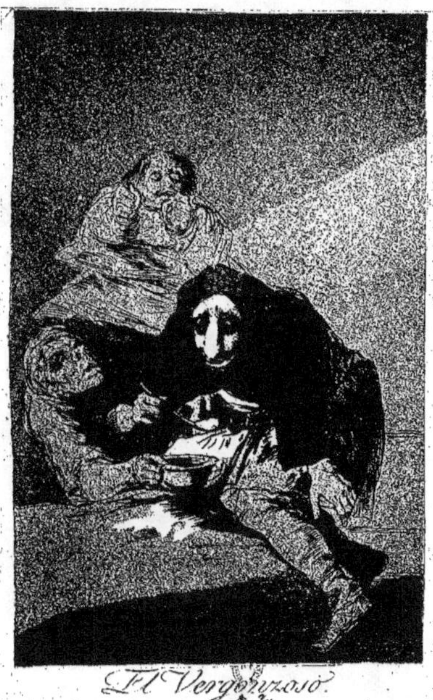

Planche 54 des Caprices.

1ᵉʳ Etat. Avant la lettre et avant le n°. De toute rareté. Museum of Fine Arts, Boston.

2ᵉ — Avec la lettre et le n° 54, mais avant les biseaux.

3ᵉ — Le cuivre est biseauté. (Tirages postérieurs, à dater de 1856.)

VENTES : Ph. Burty (1876), 1ᵉʳ état, 15 sh.; Anonyme, 16 déc. 1908, 2ᵉ état, avec les nᵒˢ 63 et 110 de notre cat., 35 fr.

« Il existe des hommes dont le visage est ce qu'il y a de plus indécent dans leur personne, et il « serait bon que ceux-là cachassent leur ridicule et disgracieuse figure au fond de leurs chausses. » (Manuscrit de Goya).

Le cuivre existe (Chalcographie de Madrid).

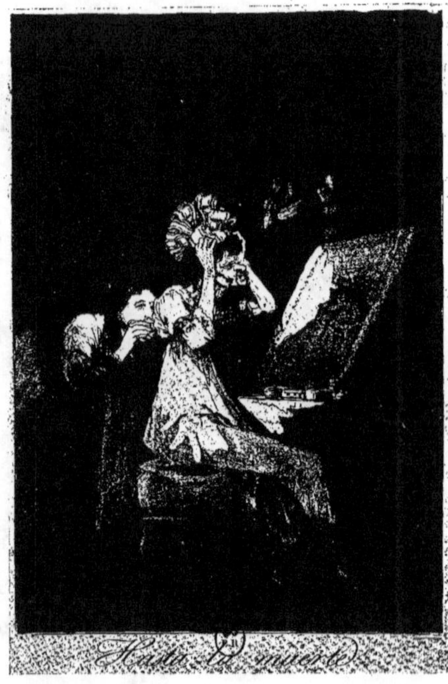

92. — HASTA LA MUERTE (JUSQU'A LA MORT)

(H. 191 millim. L. 133)

Planche 55 des Caprices.

1er Etat.   Avant que le cuivre n'ait été biseauté.

2e   —   Le cuivre est biseauté. (Tirages postérieurs, à dater de 1856.)

« Elle fait bien de se faire belle : c'est aujourd'hui son jour de naissance, elle accomplit ses
« soixante-quinze ans, et beaucoup de ses petites amies la viendront visiter. » (**Manuscrit de Goya.**) « L'éter-
« nelle coquetterie de la dernière comtesse de Benavente, mère de la duchesse d'Osuna, fait le sujet de la
« planche 55. » (*P. Lefort.*)

Il existe une copie lithographique anonyme de cette pièce (voir la note du n° 10 des *Caprices*).

Le **Musée** du Prado conserve un dessin préparatoire à la sanguine pour cette planche.

Le cuivre existe (Chalcographie de Madrid).

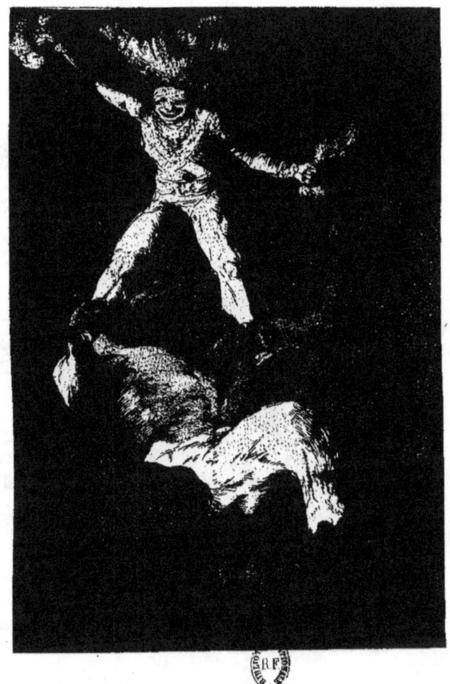

93. — SUBIR Y BAJAR (MONTER ET DESCENDRE)
(H. 189 millim. L. 129)

Planche 56 des Caprices.

1er Etat. Avant la lettre et avant le n°. De toute rareté.

2e — Avec la lettre : *Subir y bajar* et le n° 56, mais avant les biseaux.

3e — Le cuivre est biseauté. (Tirages postérieurs, à dater de 1856.)

Selon les uns, il s'agit ici du ministre Urquijo, et selon d'autres du prince de la Paix et de Jovellanos .

Le **Musée du Prado** conserve un dessin préparatoire à la sanguine pour cette planche.

Le cuivre existe (Chalcographie de Madrid).

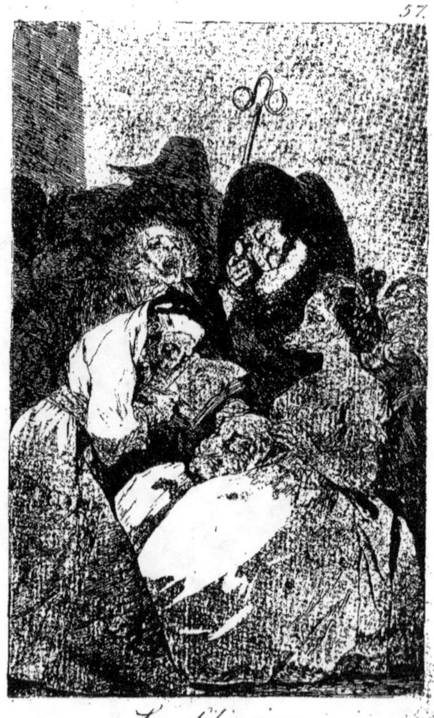

1ᵉʳ État.

Planche 57 des Caprices.

1ᵉʳ État.   Avant les biseaux, les tons d'aqua-tinte très visibles. L'État reproduit.

2ᵉ   · ·   Le cuivre est biseauté. Les tons d'aqua-tinte très visibles sur notre reproduction ont à peu près disparu, notamment sur les visages et les habits des personnages, ainsi que sur le livre. (Tirages postérieurs, à dater de 1856.)

VENTE : Anonyme, 21 mars 1908, avec le nº 90 de notre cat., 32 fr.

Un dessin préparatoire à la sépia pour cette planche est conservé au **Musée du Prado.**

Le cuivre existe (Chalcographie de **Madrid**).

95. — TRAGALA, PERRO (AVALE CELA, CHIEN!)

(H. 191 millim. L. 125)

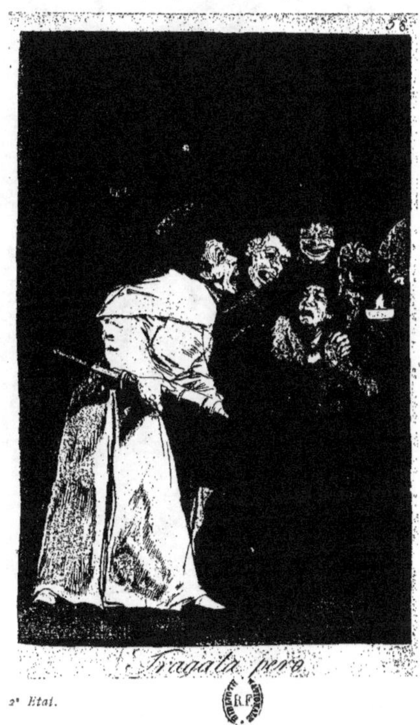

2ᵉ Etat.

Planche 58 des Caprices,

1ᵉʳ Etat.   Avant la lettre et avant le nᵒ. De toute rareté. Bibliothèque Nationale, Madrid (épr. de Carderera).

2ᵉ — Avec la lettre : *Tragala pero* (sic) et avec le nᵒ 58. L'État reproduit. Fort rare. Collection de M. Marcel Guérin.

3ᵉ — Le mot : *pero* est corrigé et se lit : *perro*; mais avant les biseaux. Le point d'exclamation mentionné par Lefort et Hofmann n'existe pas.

4ᵉ — Le cuivre est biseauté. (Tirages postérieurs, à dater de 1856.)

« Celui qui est appelé à vivre entre les hommes sera seringué immanquablement. S'il veut l'éviter, « il n'a qu'à s'en aller habiter au fond des forêts, et, quand il en sera là, il s'apercevra encore que ce genre « de vie a aussi son côté seringuant ». (Manuscrit de Goya.)

Le Musée du Prado conserve un dessin préparatoire à la sépia pour cette planche.

Le cuivre existe (Chalcographie de Madrid).

96. — Y AUN NO SE VAN! (ET ENCORE ILS NE S'EN VONT PAS !)

(H. 196 millim. L. 135)

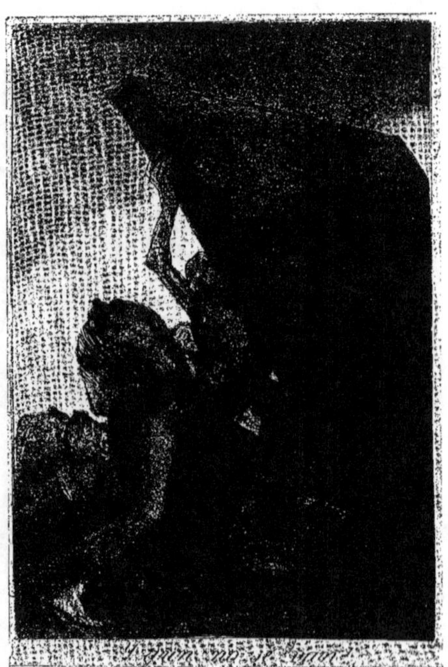

Planche 59 des **Caprices**.

1er Etat. Avant le point d'exclamation (/) à la suite de la légende. Fort rare. Collection de M. Marcel Guérin.

2e — Avec un point d'exclamation, à la suite de la légende, mais avant les biseaux.

3e — Le cuivre est biseauté. (Tirages postérieurs, à dater de 1856.)

« Celui qui ne se défie pas de l'instabilité de la fortune peut dormir tranquillement, quoique entouré « de périls ; mais aussi il n'apprend pas à s'en préserver, et il n'est alors aucune disgrâce qui ne le sur- « prenne ». (Manuscrit de Goya.)

Le Musée du Prado conserve un dessin préparatoire à la sanguine pour cette planche.

Le cuivre existe (Chalcographie de Madrid).

(H. 185 millim. L. 125)

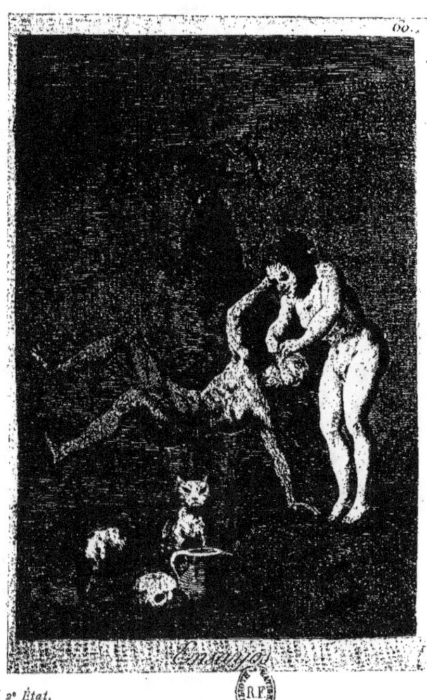

2ᵉ État.

Planche 60 des Caprices.

1ᵉʳ État. Avant la lettre et avant le nᵒ. De toute rareté.

2ᵉ — Avec la lettre et avec le nᵒ 60, mais avant les biseaux. L'État reproduit.

3ᵉ — Le cuivre est biseauté, les tons d'aqua-tinte sont affaiblis. (Tirages postérieurs, à dater de 1856.)

« Peu à peu il progressera ; il fait déjà quelques petits bonds; avec le temps, il en saura bientôt « autant que sa maîtresse. » (Manuscrit de Goya.)

Le **Musée du Prado** conserve un dessin préparatoire à la plume pour cette planche.

Le cuivre existe (Chalcographie de Madrid).

(H. 187 millim. L. 130)

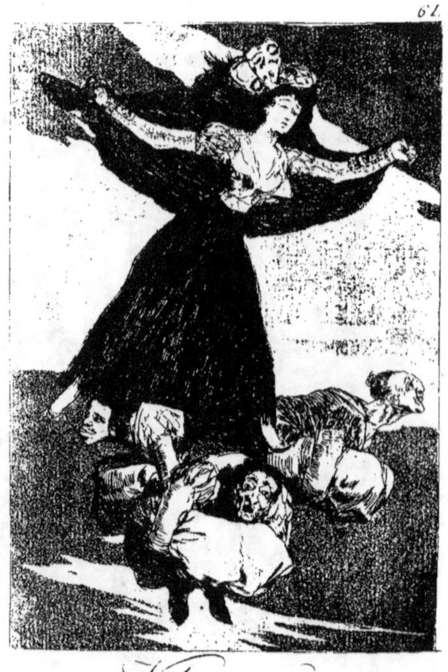

Volaverunt

1er État.

Planche 61 des **Caprices.**

1er État. Avant les biseaux et avant un trait échappé, vers l'angle du bas à droite. Rare. **L'État reproduit.**

2" — Avec un trait échappé oblique vers l'angle du B. à D.; le cuivre est biseauté. (Tirages postérieurs, à dater de 1856.)

« Le groupe de sorcières qui sert de base à notre élégante [1] est bien plutôt là pour l'ornement que « par véritable nécessité. Il y a des têtes si pleines de gaz inflammable, qu'elles n'ont besoin pour s'envoler « ni de ballons ni de sorcières. » (Manuscrit de Goya.)

Un dessin à la sanguine, première pensée pour cette planche, est conservé au **Musée du Prado.**

Le cuivre existe (Chalcographie de Madrid).

(1) La duchesse d'Albe, suppose P. Lefort.

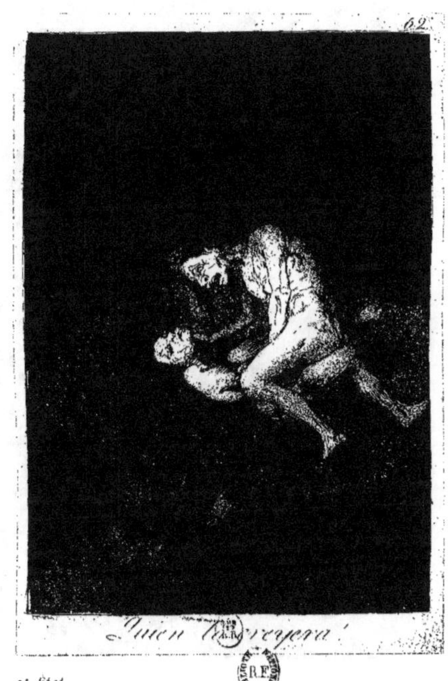

2ª État.

Planche 62 des Caprices.

1ᵉʳ Etat.   Avant la lettre et avant le nº. De toute rareté.

2ᵉ   —   Avec la lettre et le nº 62, mais avant le point d'exclamation (!) à la suite de la légende. Fort
rare. Collection de M. Marcel Guérin.

3ᵉ   —   Avec un point d'exclamation (!), à la suite du mot : *creyera*, mais avant les biseaux. L'État
reproduit.

4ᵉ   —   Le cuivre est biseauté. (Tirages postérieurs, à dater de 1856.)

« Voilà une lutte féroce à propos de qui des deux était la plus grande sorcière. Qui eût dit que la
« Petinosa et la Crespa se seraient battues ainsi? L'amitié est fille de la vertu : les méchants peuvent bien
« être rapprochés un moment par la complicité, jamais ils ne seront amis. » (**Manuscrit de Goya.**)

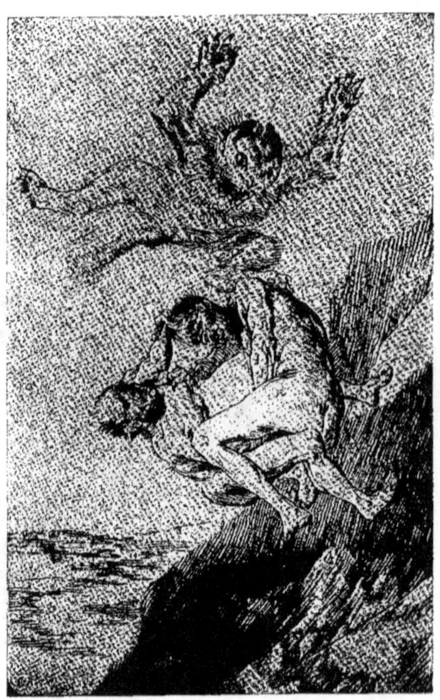

Le **Musée du Prado** conserve un dessin à la plume, première pensée de cette composition. Nous en donnons ci-dessus un fac-simile réduit.

« Sont-ce deux grandes dames en rivalité d'amour? Sont-ce deux puissances politiques, hier encore « unies et aujourd'hui en lutte ouverte? Cette planche reste pour nous une énigme quant à sa portée « véritable. » (P. Lefort, Goya.)

Le cuivre existe (Chalcographie de Madrid).

100. — MIREN QUE GRABES! (VOYEZ COMME ILS SONT GRAVES!

(H. 185 millim. L. 122)

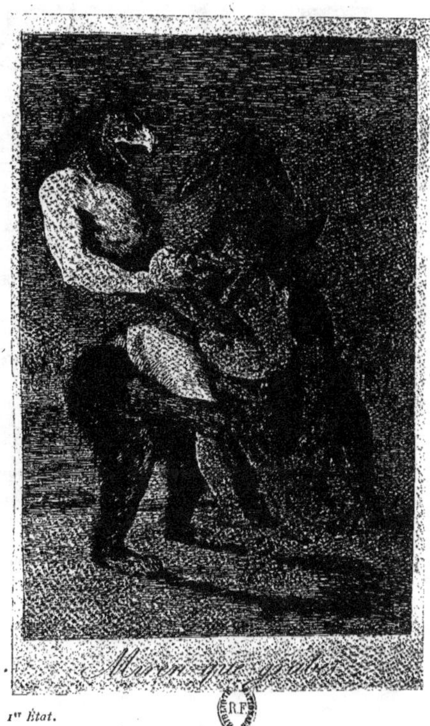

1er État.

Planche 63 des Caprices.

1er État. Avant un point d'exclamation à la suite de la légende. Fort rare. L'État reproduit.

2e — Avec un point d'exclamation (!) à la suite du mot : *grabes*. Avant les biseaux.

3e — Le cuivre est biseauté. (Tirages postérieurs, à dater de 1856.)

« Cette estampe représente deux sorciers de haut parage sortis à cheval pour faire un peu d'exer-
« cice. » (Manuscrit de Goya.)

Le cuivre existe (Chalcographie de Madrid).

(H. 188 millim. L. 127)

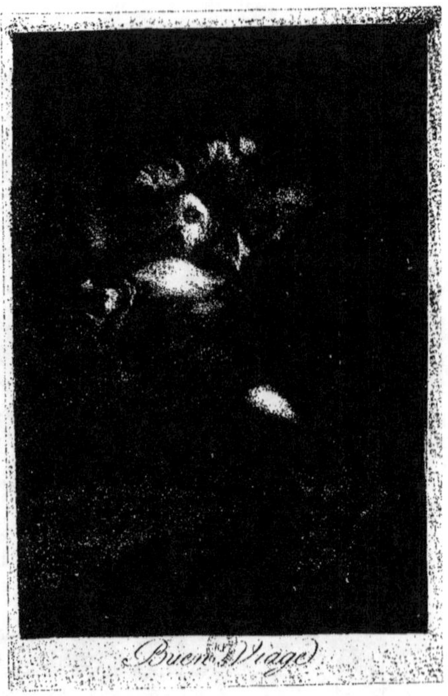

Planche 64 des **Caprices**.

1ᵉʳ Etat. Avant la lettre et avant le nº. De toute rareté.

2ᵉ — Avec la lettre et avec le nº 64, mais avant les biseaux.

3ᵉ — Le cuivre est biseauté. (Tirages postérieurs, à dater de 1856.)

« Où va donc, à travers les ténèbres, cette infernale cohorte qui fait retentir les airs de ses cris?
« Encore si c'était de jour?... alors ce serait autre chose; à force de coups de fusil l'on pourrait faire
« tomber à terre toute cette cohue...; mais il fait nuit, et personne ne les voit. » **(Manuscrit de Goya.)**

Le cuivre existe (Chalcographie de Madrid).

(H. 183 millim. L. 119)

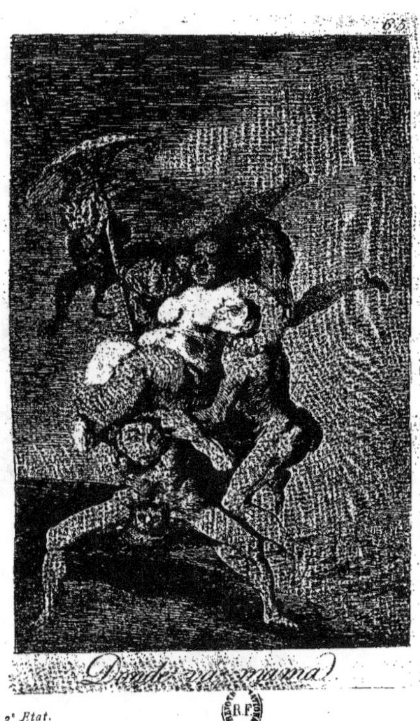

2ᵉ État.

Planche 65 des Caprices.

1ᵉʳ État. Avant la lettre et avant le nᵒ. De toute rareté. Bibliothèque Nationale, Madrid.

2ᵉ — Avec la lettre et le nᵘ 65, mais avant le point d'interrogation (?), à la suite de la légende et avant l'accent sur le second *a* du mot : *mama*. Fort rare. **L'État** reproduit.

3ᵉ — Avec le point d'interrogation et avec un accent sur le second *a* du mot : *mama*, mais avant les biseaux.

4ᵉ — Le cuivre est biseauté; avec des traces de brunissoir sous la légende. (Tirages postérieurs, à dater de 1856.)

Le **Musée du Prado** conserve un dessin préparatoire à la plume pour cette planche.

Le cuivre existe (Chalcographie de Madrid).

(H. 187 millim. L. 124)

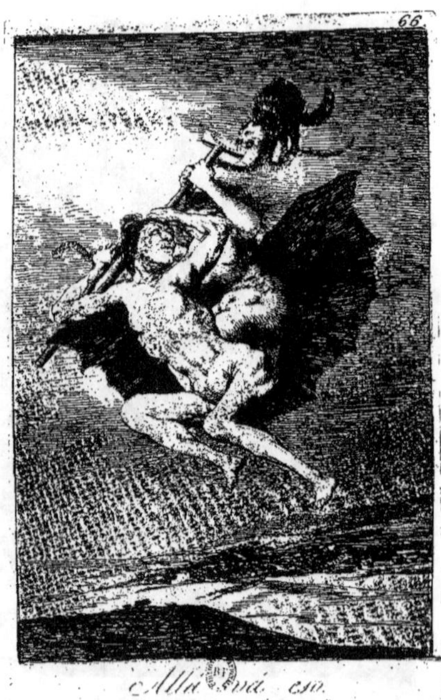

Planche 66 des **Caprices**.

1er État. Avant la lettre et avant le n°. De toute rareté. Bibliothèque Nationale, Madrid (épreuve de
V. Carderera).

2e — Avec la lettre et avec le n° 66, mais avant les biseaux.

3e — Le cuivre est biseauté. (Tirages postérieurs, à dater de 1856.)

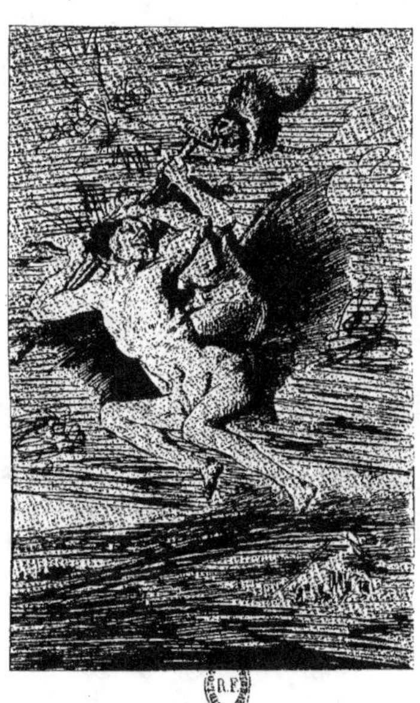

Cette planche, dont un dessin préparatoire à la plume est conservé au **Musée de Prado**, a été reproduite dans le **Francisco Goya**, de *Kurt Bertels* (1907).

———

Nous donnons ci-dessus le fac-simile réduit du dessin mentionné ci-avant.

———

« Ici, c'est une sorcière chevauchant en compagnie du diable boiteux. Ce pauvre diable, dont tout « le monde se moque, ne laisse pas cependant d'être parfois utile. » (**Manuscrit de Goya**.)

———

Le cuivre existe (Chalcographie de Madrid).

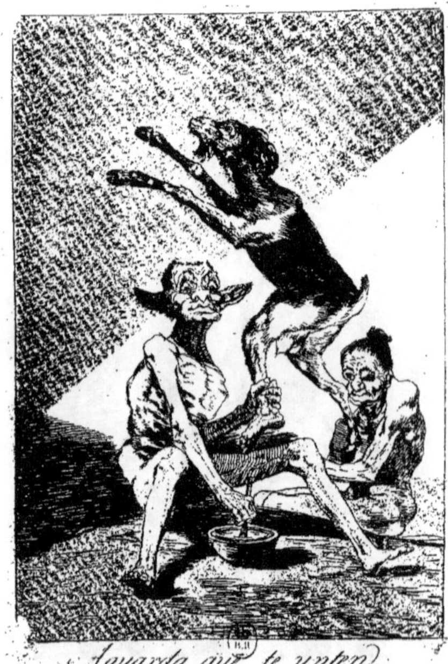

1ᵉʳ État.

Planche 67 des **Caprices.**

1ᵉʳ État. Avant que le T. C., n'ait été complété vers l'angle du bas à gauche et à l'angle supérieur droit. Le cuivre n'est pas biseauté. **L'État reproduit.**

2ᵉ — Le T. C. est complété dans l'angle du B. à G., et à l'angle supérieur droit. Le cuivre est biseauté. (Tirages postérieurs, à dater de 1856.)

« On l'envoie accomplir une mission importante et il veut partir à moitié oint. La sorcellerie compte « aussi ses étourdis, ses brouillons, ses têtes sans cervelle et sans le moindre grain de bon sens : cela se « trouve partout. » **(Manuscrit de Goya.)**

VENTE : Anonyme (5 mars 1914), avec les nᵒˢ 113 et 114 de notre cat., 78 fr.

Le **Musée du Prado** conserve un dessin préparatoire à la sanguine pour cette planche.

Le cuivre existe (Chalcographie de Madrid).

(H. 182 millim. L. 122)

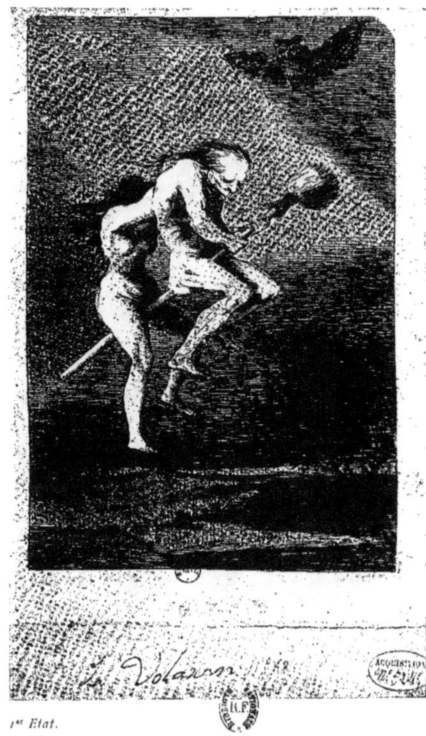

1er État.

Planche 68 des **Caprices**.

1er État. Avant la lettre et avant le n°. De toute rareté. L'État reproduit. Cabinet des Estampes, Paris .
(épr. avec légende *manuscrite* différente).

2e   —   Avec la lettre : *Linda maestra*, et le n° 68, mais avant le point d'exclamation (*!*) à la suite de la
légende. Fort rare. Collection de M. Marcel Guérin.

3e   —   Avec un point d'exclamation (*!*) à la suite du mot : *maestra*, mais avant les biseaux.

4e   —   Le cuivre est biseauté. (Tirages postérieurs, à dater de 1856.)

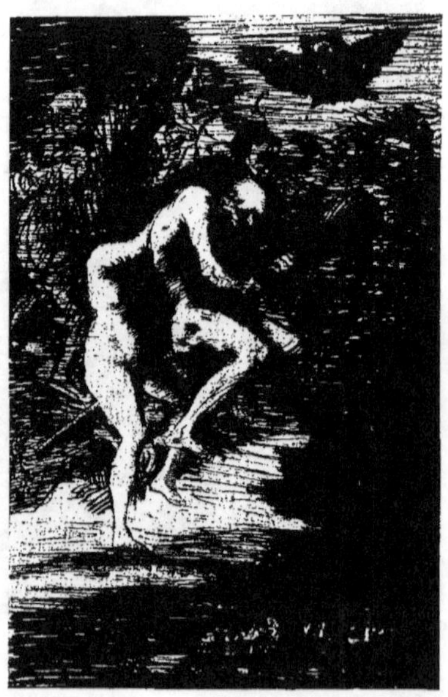

« Le balai est un instrument éminemment nécessaire aux sorcières ; car, indépendamment d'être toutes
« grandes balayeuses, ainsi qu'il appert de maintes histoires, elles le peuvent transformer en mule de
« promenade et s'en aller, sur cette monture, si vite que le diable ne les peut dépasser. » (Manuscrit de
Goya.)

Le cuivre existe (Chalcographie de Madrid).

106. — SOPLA (SOUFFLE)
(H. 176 millim. L. 117)

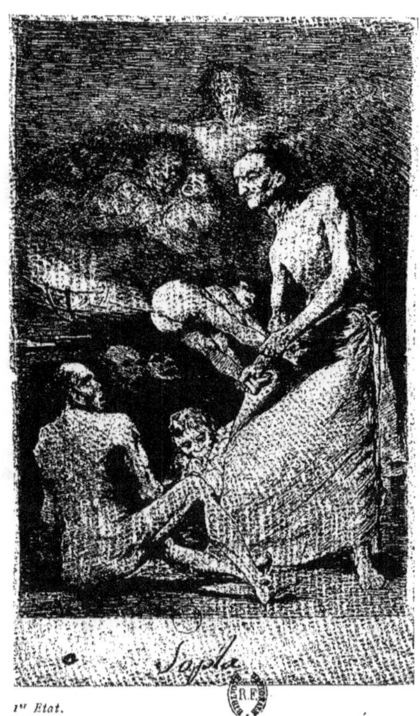

1er Etat.

Planche 69 des Caprices.

1er Etat.   Avant la lettre et avant le n°. De toute rareté. L'État reproduit. Cabinet des Estampes, Paris
(épreuve avec la légende manuscrite).

2e   ⋯   Avec la lettre : *Sopla*, et le n° 69, mais avant les biseaux. Le point d'exclamation, signalé par
Lefort et par J. Hofmann, n'existe pas.

3e   —   Le cuivre est biseauté. (Tirages postérieurs, à dater de 1856.)

« La pêche aux petits enfants aura sans doute été fructueuse la nuit précédente : le banquet qui se
« prépare sera somptueux. Bon appétit ! » (Manuscrit de Goya.)

Le **Musée** du **Prado** conserve un dessin préparatoire à la plume pour cette planche.

Le cuivre existe (Chalcographie de Madrid).

(H. 186 millim. L. 126)

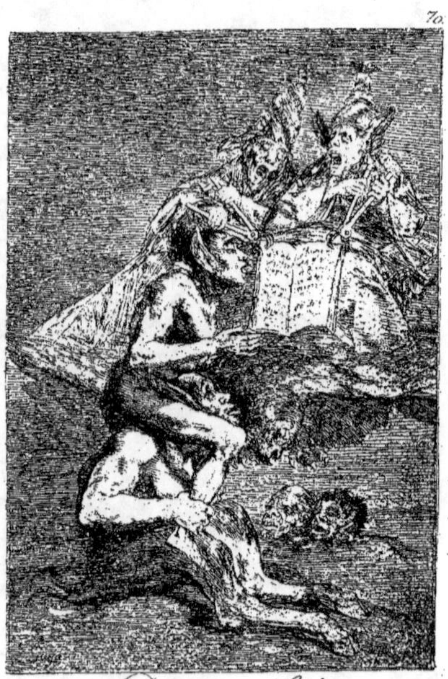

Planche 70 des Caprices.

1ᵉʳ État. Avant que le cuivre n'ait été biseauté.

2ᵉ — Le cuivre est biseauté. (Tirages postérieurs, à dater de 1856.)

Le **Musée du Prado** conserve un dessin préparatoire à la plume, avec variante et en sens inverse, pour cette planche.

Le cuivre existe (Chalcographie de Madrid).

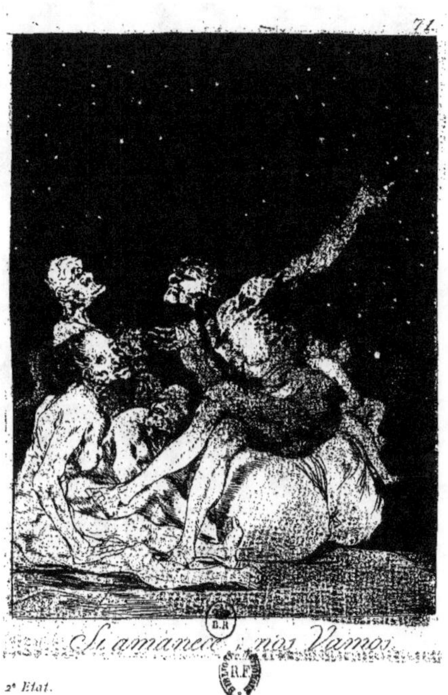

2ᵉ État.

Planche 71 des Caprices.

1ᵉʳ **Etat.** Avec un grand trait échappé traversant le ballot de bas en haut. Fort rare.

2ᵉ — Le trait échappé traversant le ballot est effacé, mais avant les biseaux. L'État reproduit.

3ᵉ — Le cuivre est biseauté. (Tirages postérieurs, à dater de 1856.)

VENTE : Anonyme, 29 mai 1913, avec le n° 82 de notre catalogue, 45 fr.

« Et si vous n'étiez pas venus du tout, ce n'eût pas été autrement regrettable... » (**Manuscrit de Goya.**)

Le cuivre existe (Chalcographie de Madrid).

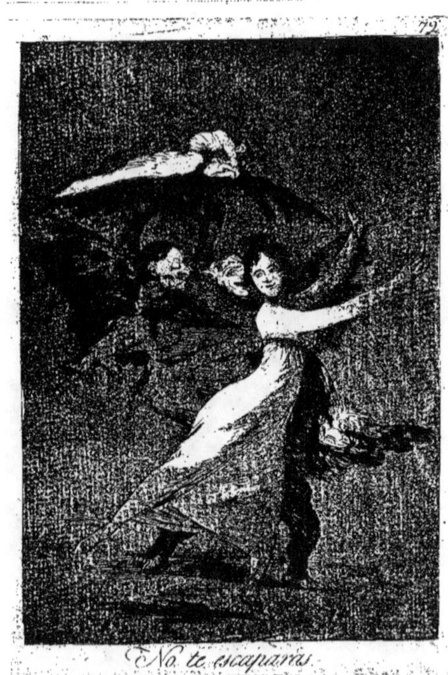

Planche 72 des **Caprices**.

1ᵉʳ État.   Avant les biseaux du cuivre.

2ᵉ   —   Le cuivre est biseauté. (Tirages postérieurs, à dater de 1856.)

« Jamais ne s'échappe qui a le désir de se laisser prendre. » (Manuscrit de Goya.)

Cette planche — dont une première pensée à la sanguine est conservée au **Musée du Prado** — a été reproduite dans le **Francisco Goya**, de K. Bertels.

Le cuivre existe (Chalcographie de Madrid).

110. — MEJOR ES HOLGAR
(NE VAUT-IL PAS MIEUX NE RIEN FAIRE)
(H. 192 millim. L. 131)

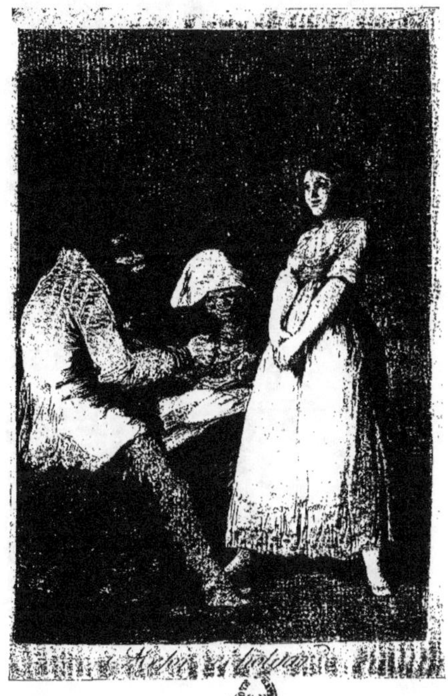

1ᵉʳ Etat.

Planche 73 des Caprices.

1ᵉʳ Etat. Avant que le cuivre n'ait été biseauté. L'État reproduit.

2ᵉ — Le cuivre est biseauté; les tons d'aqua-tinte sont affaiblis. (Tirages postérieurs, à dater de 1856.)

VENTE : Anonyme (16 décembre 1908), avec les nᵒˢ 63 et 91 de notre cat., 35 fr.

« Celui qui travaille le plus jouit le moins. Il a raison, mieux vaut ne rien faire. » (Manuscrit de Goya.)

Le cuivre existe (Chalcographie de Madrid).

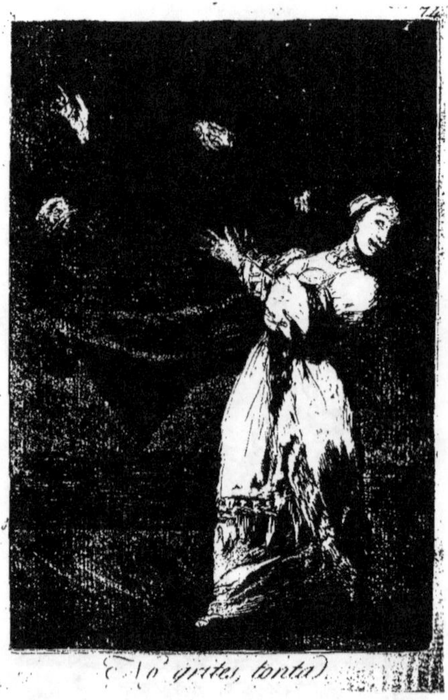

2° Etat.

Planche 74 des **Caprices.**

1er Etat.   Avant la lettre et avant le n°. De toute rareté.

2°   —   Avec la lettre et le n° 74, mais avant les biseaux. L'État reproduit.

3°   —   Le cuivre est biseauté, les tons d'aqua-tinte sont affaiblis. (Tirages postérieurs, à dater de 1856.)

« Pauvre Paquilla qui, en allant à la recherche du laquais, rencontre le revenant. Mais elle n'a rien à
« craindre ; il est facile de voir que Martinesco est de joyeuse humeur et qu'il ne lui fera pas de mal. »
(Manuscrit de Goya.)

VENTE : Anonyme (21 mars 1908), avec le n° 98 de notre cat., 37 fr.

Le **Musée du Prado** conserve un dessin à la sanguine, première pensée pour cette planche.

Le cuivre existe (Chalcographie de Madrid).

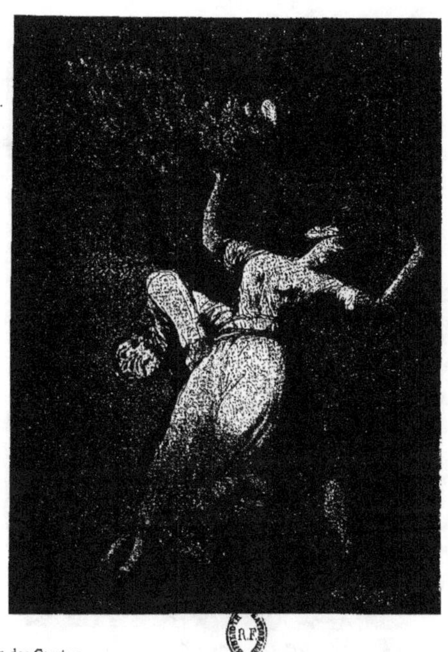

Planche 75 des Caprices.

1ᵉʳ État. Avec un point d'exclamation (!) à la suite de la légende. Fort rare. Collection de M. Marcel Guérin.

2ᵉ — Le point d'exclamation (!) après le mot : *desate* est converti en point d'interrogation (?), mais avant les biseaux.

3ᵉ — Le cuivre est biseauté; les tons d'aqua-tinte sont affaiblis. (Tirages postérieurs, à dater de 1856.)

« Un homme et une femme attachés par une corde, s'efforcent de la délier et criant qu'on les « détache bien vite... ou je me trompe fort, ou ce sont là deux mariés malgré eux. » (Manuscrit de Goya.)

Le **Musée du Prado** conserve un dessin à la sanguine, première pensée de cette planche.

Le cuivre existe (Chalcographie de Madrid).

113. — .ESTA VM^D (¹) PUES, COMO DIGO... eh! CUIDADO! SI NÓ..
(VOUS Y ÊTES? DONC, JE DISAIS... EH! ATTENTION! SINON!...)

(H. 193 millim. L. 132)

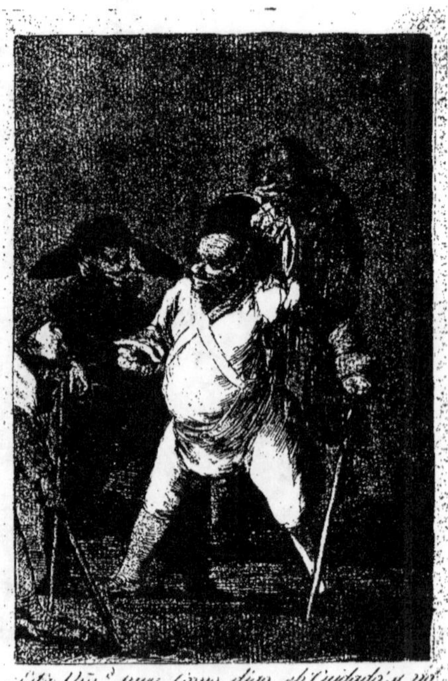

Planche 76 des **Caprices**.

1ᵉʳ État.   Avant les biseaux.

2ᵉ   —   Le cuivre est biseauté. (Tirages postérieurs, à dater de 1856.)

VENTE : Anonyme, 5 mars 1914, avec les nᵒˢ 104 et 114 de notre cat., 78 fr.

Le **Musée** du **Prado** conserve un dessin préparatoire à la sanguine pour cette planche, avec de légères variantes.

« On ne sait quel est le militaire que l'on a voulu désigner dans le nᵒ 76, si ce n'est Don Tomas
« Morla, lieutenant général d'artillerie, et actuellement gouverneur des Andalousies. La loquacité insi-
« gnifiante, exprimée par les cinq ou six mots qui sont au bas de cette planche, et l'air de parfaite *gobe-*
« *moucherie* des personnes qui l'environnent, conviennent parfaitement au caractère et à l'histoire de cette
« créature du prince de la Paix. » (*P. Lefort*, **Goya**, p. 40.)

Le cuivre existe (Chalcographie de Madrid).

(1) Pour *Vuestra merced*.

(H. 193 millim. L. 133)

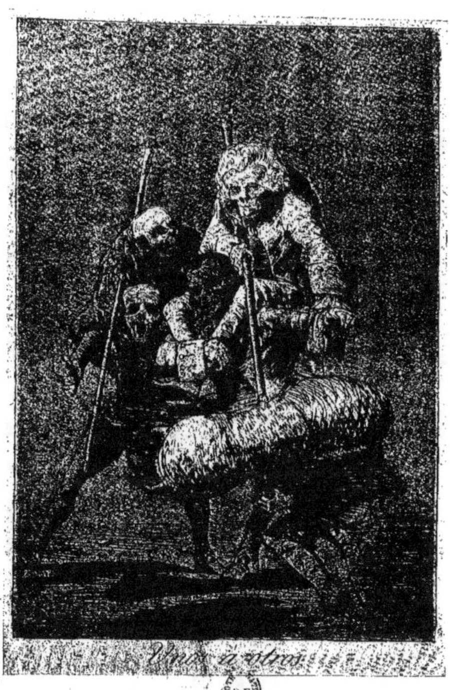

Planche 77 des Caprices.

1er Etat. Avec les biseaux du cuivre.

2e — Le cuivre est biseauté; le biseau inférieur forme une raie horizontale sous la légende. (Tirages
postérieurs, à dater de 1856.)

« Ainsi va le monde : l'on se moque, l'on se joue les uns des autres ; celui qui hier était le taureau
« fait aujourd'hui le *caballero in plaza*, le *picador*. La fortune préside à la fête et distribue les rôles au
« gré de ses caprices. » (Manuscrit de Goya.)

Le **Musée** du **Prado** conserve un dessin préparatoire à la sanguine pour cette planche.

Le cuivre existe (Chalcographie de Madrid).

115. — DESPACHA, QUE DISPIERTAN
(DÉPÊCHE, ILS SE RÉVEILLENT)
(H. 190 millim. L. 137)

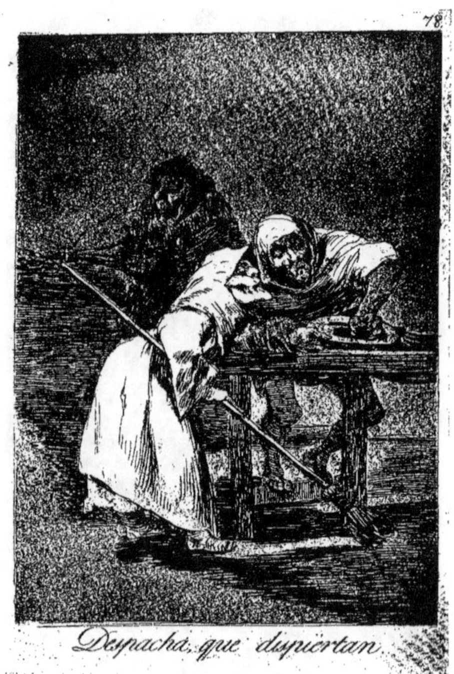

Planche 78 des **Caprices**.

1ᵉʳ État.   Avant les biseaux du cuivre.

2ᵉ   —   Le cuivre est biseauté. (Tirages postérieurs, à dater de 1856.)

Le **Musée du Prado** conserve un dessin préparatoire à la sanguine pour cette planche.

N.-B. — Le point d'exclamation indiqué par J. Hofmann, après le mot : *dispiertan*, n'existe pas.

Le cuivre existe (Chalcographie de Madrid).

116. — NADIE NOS HA VISTO (PERSONNE NE NOUS A VUS)

(H. 189 millim. L. 157)

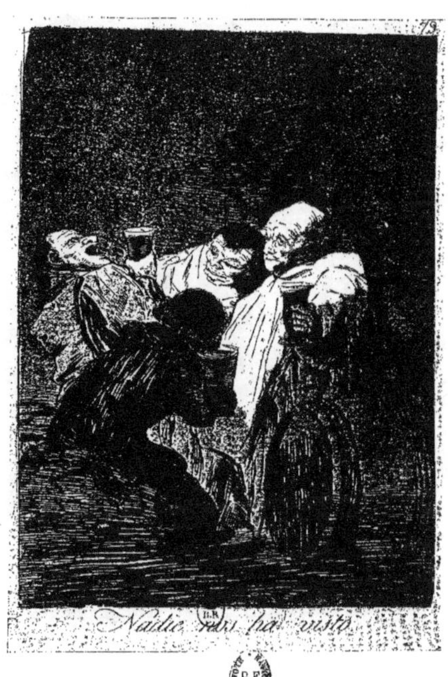

Planche 79 des Caprices.

1er État. Avant la lettre et avant le n°. De toute rareté.

2e   —   Avec la lettre et avec le n° 79, mais avant les biseaux.

3e   —   Le cuivre est biseauté. (Tirages postérieurs, à dater de 1856.)

VENTE : Anonyme, 26 octobre 1900, 2e état, 10 fr.

« Et qu'importe, après tout, que les martinicos soient descendus à la cave et boivent un coup, s'ils
« ont bien travaillé toute la nuit et si la batterie de cuisine reluit comme de l'or ! » (Manuscrit de Goya.)

Le cuivre existe (Chalcographie de Madrid).

117. — YA ES HORA (MAINTENANT C'EST L'HEURE)

(H. 197 millim. L. 137)

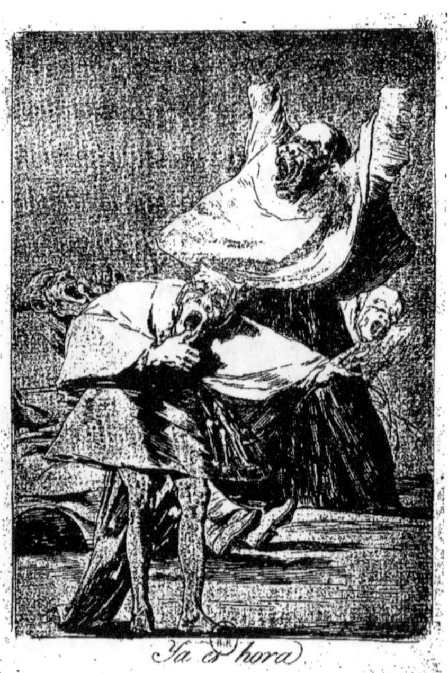

1er État.

Planche 80 des Caprices.

1er Etat. Avant que le cuivre n'ait été biseauté. L'État reproduit.

2e — Le cuivre est biseauté. Le biseau du bas est surmonté de petites rayures obliques. (Tirages
postérieurs, à dater de 1856.)

« Aussitôt que le jour paraît, chacun s'enfuit de son côté, sorcières, revenants, visions, fantômes.
« C'est chose singulière que cette engeance ne veuille se laisser voir que la nuit et dans les ténèbres.
« Personne ne peut savoir où ils s'enferment et se cachent durant le jour. Quiconque serait assez
« heureux pour découvrir un terrier de revenants, pour s'en emparer et le montrer dans une cage, à
« dix heures du matin, à la Puerta del Sol, pourrait après cela, se passer fort bien d'hériter un majorat. »
(Manuscrit de Goya.)

Le cuivre existe (Chalcographie de Madrid).

118. — SUENO DE LA MENTIRA Y INCONSTANCIA
(RÊVE DU MENSONGE ET DE L'INCONSTANCE)
(H. 218 millim. L. 158)

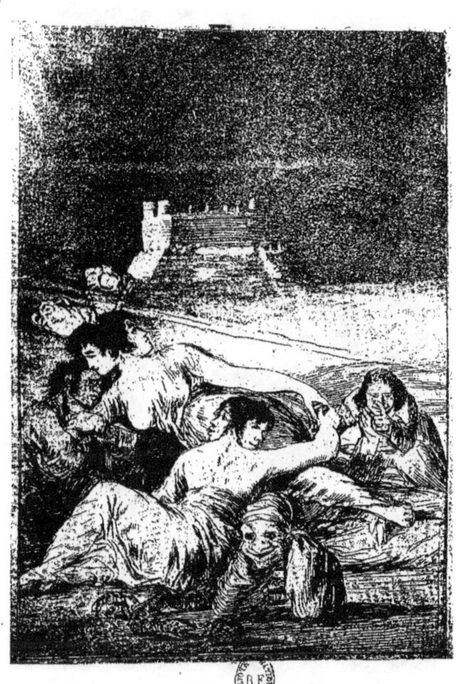

Planche *inédite* des **Caprices**.

Bibliothèque Nationale, Madrid, épreuve de Valentin Carderera, tirée au verso de la pièce suivante.

« Ces deux pièces — celle-ci et la suivante — ont été composées par Goya pour la duchesse d'Albe.
« Elles ont sûrement trait à certains incidents de leur liaison, auxquels Goya ne jugea pas à propos
« d'initier ses contemporains. » (*P. Lefort.*)

Le dessin original de cette composition est conservé au **Musée du Prado**, et porte la légende sous
laquelle cette pièce est connue.

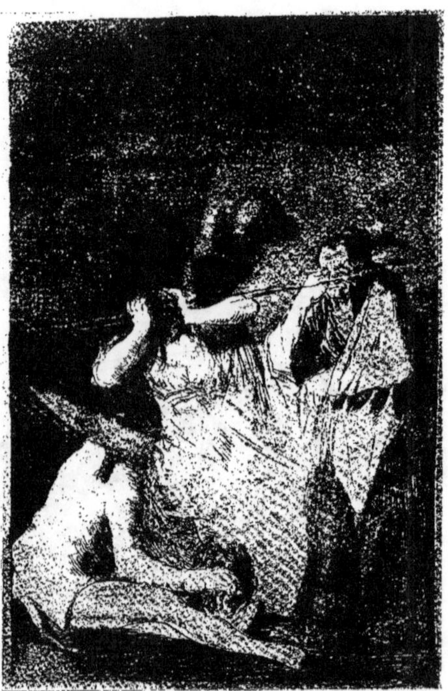

Planche *inédite* des **Caprices.**

Bibliothèque Nationale, Madrid (épr. de V. Carderera). Seule épreuve connue.

Cette pièce relative, croit-on, à la duchesse d'Albe, est reproduite dans **Goya's Seltene Radierungen...,** de V. von Loga, puis dans le **Goya grabador,** de A. de Beruete.

A. de Beruete, après avoir donné une description de cette pièce, dont la scène, dit-il, est difficile à expliquer, ajoute : « Cette eau-forte est une œuvre mal composée et sans intérêt artistique. »

FIN DE LA PREMIÈRE PARTIE